浙江省社科规划课题成果

杭州湾大湾区智能制造先行度综合评价与提升策略研究

武建章　周一萍　黄鹂　著

HANGZHOUWAN DAWANQU ZHINENG ZHIZAO XIANXINGDU
ZONGHE PINGJIA YU TISHENG CELÜE YANJIU

上海交通大学出版社
SHANGHAI JIAO TONG UNIVERSITY PRESS

内容提要

　　本书在总结智能制造的相关理论研究与实践经验的基础上，构建了区域智能制造先行度的综合评价指标体系及评价方法，对杭州湾大湾区与其他省市区域的智能制造发展程度进行比较分析，以期获得对区域智能制造的推行与升级有借鉴意义的对策和建议，丰富和拓展关联多准则综合评价方法的应用领域。

　　本书可作为高等院校经济管理、系统工程、应用数学和相关专业高年级本科生、研究生的教材或参考书，也可供经济管理人员、工程技术人员和教师使用和参考。

图书在版编目(CIP)数据

杭州湾大湾区智能制造先行度综合评价与提升策略研究/武建章，周一萍，黄鹂著.—上海：上海交通大学出版社，2021
ISBN 978-7-313-24382-9

Ⅰ.①杭…　Ⅱ.①武…②周…③黄…　Ⅲ.①智能制造系统—制造工业—研究—杭州　Ⅳ.①F426.4

中国版本图书馆 CIP 数据核字(2021)第 024177 号

杭州湾大湾区智能制造先行度综合评价与提升策略研究
HANGZHOUWAN DAWANQU ZHINENG ZHIZAO XIANXINGDU
ZONGHE PINGJIA YU TISHENG CELÜE YANJIU

著　　者：武建章　周一萍　黄　鹂	
出版发行：上海交通大学出版社	地　　址：上海市番禺路 951 号
邮政编码：200030	电　　话：021-64071208
印　　制：苏州市古得堡数码印刷有限公司	经　　销：全国新华书店
开　　本：710mm×1000mm　1/16	印　　张：10.75
字　　数：158 千字	
版　　次：2021 年 3 月第 1 版	印　　次：2021 年 3 月第 1 次印刷
书　　号：ISBN 978-7-313-24382-9	
定　　价：58.00 元	

前　言

智能制造是基于新一代信息通信技术与先进制造技术深度融合,贯穿于设计、生产、管理、服务等制造活动的各个环节,具有自感知、自学习、自决策、自执行、自适应等功能的新型生产方式。2015 年 3 月,国务院部署实施"制造强国战略",实现制造业升级,智能制造工程被列入"五大工程"。2016 年 12 月,工业和信息化部、财政部联合推出《智能制造发展规划(2016—2020年)》,明确指出:实现中国制造的全面智能化转型这一重要战略任务,要遵循客观规律,立足国情,着眼长远,加强统筹谋划,积极应对挑战,抓住全球制造业分工调整和我国智能制造快速发展的战略机遇期,要分类、分层、分行业、分步骤、分区域地持续推进,全面积极发挥优势先行区域的试点引领作用。

作为我国制造业科创中心和新经济策源地与集聚地的杭州湾大湾区,已然成为我国智能制造战略实践的重要先行区。杭州湾大湾区坐拥沪杭甬等诸多都市资源,拥有世界级的金融中心、具有全球影响力的互联网+创新创业中心、世界级的港口群、制造业和服务业的集聚地,拥有完备的制造体系、合理的产业结构、优良的产业链集群、丰富的人才科教储备,以及创新务实的人文环境。积极推行和全面实施智能制造，不仅是杭州湾大湾区全力贯彻国家实施制造强国战略及智能制造发展规划的需要，更是杭州湾大湾区合力打造"区域发展新引擎、中国智造先行区、全球经济新高地"的重要途径和主要任务。

本书在总结智能制造的相关理论研究与实践经验的基础上，构建区域智能制造先行度的综合评价指标体系及评价方法，对杭州湾大湾区与其他省市区域的智能制造发展程度进行比较分析，以期获得对区域智能制造的推行与升级有借鉴意义的对策和建议。

本书主要内容包括以下几个方面。

（1）介绍智能制造的概念及发展现状。主要回顾全球制造业智能升级历程以及我国的制造智能化发展历史，分析智能制造定义及主要内容和特点，对我国智能制造的发展现状及相关政策进行梳理。

（2）总结区域智能制造评价的理论研究与实践经验。主要从智能制造能力、智能制造成熟度、装备制造业评价、工业互联网平台评价、云制造服务平台评价等角度对相关理论研究进行归纳分析，从国家未来生产就绪度、德国工业 4.0 就绪度、中国制造国家级示范区评估指标、信息化工业化融合评估规范、智能制造标准体系、智能制造试点示范条件、浙江省智能制造评价等方面对相关实践经验进行总结梳理。

（3）构建区域智能制造先行度的评价指标及综合评价方法。在融合智能制造评价的理论研究与实践经验的基础上，构建智能集成创新、两化融合推进、试点示范引领、标准体系构建、发展载体培育、基础服务支撑 6 个方面的选择指标库，并结合数据可获得性，最终确定出 21 个二级指标来构建区域智能制造先行度指标体系，进而采用基于多准则偏好信息（MCCPI）的非可加测度与 Choquet 积分来构建先行度评价方法。

（4）对相关区域智能制造先行度进行评价，并提出杭州湾大湾区的发展对策建议。对浙江、上海、江苏、北京、广东等 16 个省市的区域智能制造先行度进行了综合评价分析，明确杭州湾大湾区（浙江省、上海市）属于我国智能制造先行的第一方阵，并从 7 个方面对其区域智能制造的进一步高质先行发展提出了对策和建议。

本书受到浙江省哲学社会科学规划课题（19NDJC113YB）、国家自然科学基金项目（71671096），以及宁波大学研究生科研创新基金资助项目"浙江省智能制造先行度综合评价"的支持与资助。

　　鉴于作者能力有限，书中难免错误和不妥之处，恳请各位读者批评指正。联系邮箱：yswjz@163.com。

作　者

2020 年 7 月于宁波

Contents

目　录

有完备的制造体系、合理的产业结构、优良的产业链集群、丰富的人才科教储备，以及创新务实的人文环境。

从上海和浙江两地密集发布的有关智能制造的文件及政策就可以看出整个大湾区智能制造的先行力度。

2015年10月14日，上海市政府公布了《上海建设具有全球影响力科技创新中心临港行动方案》和《关于建设国际智能制造中心的若干配套政策》，宣布上海临港地区将打造国际智能制造中心，预计2020年初步形成框架，2025年基本建成。

2015年12月31日，浙江省人民政府发布《浙江行动纲要》，明确指出浙江省要按照"干在实处永无止境，走在前列要谋新篇"的要求，以加快新一代信息技术与制造业深度融合为主线，以推进智能制造为主攻方向，全面提升制造业核心竞争力，推动制造大省向制造强省迈进。

2016年8月30日印发的《上海行动纲要》提出，要充分发挥建设具有全球影响力科技创新中心和中国（上海）自由贸易试验区先行先试优势，加快构建战略性新兴产业引领、先进制造业支撑、生产性服务业协同的新型工业体系。

2017年5月4日发布的《浙江省推进智能制造工作要点》指出，浙江省要紧紧抓住加快推进国家"两化"深度融合示范区和国家信息经济示范区建设的契机，以智能制造试点示范"十百千"工程为重要抓手，以智能装备"双百"工程为主要突破口，力争打造成为全国智能制造应用的高地、核心技术的重要策源地以及系统解决方案的输出地，使智能制造成为引领全省经济增长的新动能，制造强省建设的主战场。

2018年2月2日发布的《浙江省智能制造行动计划（2018—2020年）》指出，要"加快推进智能化＋"的工作部署，进一步推进浙江省智能制造发展，加快转型升级，实现制造业的提质增效和可持续发展。

由此可见，积极推行和全面实施智能制造，不仅是杭州湾大湾区全力贯彻国家实施制造强国战略及智能制造发展规划的需要，更是杭州湾大湾区合力打造"区域发展新引擎、中国智造先行区、全球经济新高地"的重要途径和主要任务。而对杭州湾大湾区智能制造先行度的综合评价分析对大湾区智能制造的更优更快健康发展有着重要的保障和促进意义，也能对

第1章
绪 论

　　智能制造是我国部署和实施制造强国战略的重要手段,是全面贯彻制造强国行动纲领和推进供给侧结构性改革的主攻方向。智能制造是基于新一代信息通信技术与先进制造技术深度融合,贯穿设计、生产、管理、服务等制造活动的各个环节,具有自感知、自学习、自决策、自执行、自适应等功能的新型生产方式。2015年3月,国务院开始部署实施制造业全面升级,智能制造工程被列入"五大工程"。2016年12月,工业和信息化部、财政部联合推出《智能制造发展规划(2016—2020年)》(以下简称《规划》)。《规划》作为指导"十三五"时期全国智能制造发展的纲领性文件,明确了"十三五"期间我国智能制造发展的指导思想、目标和重点任务。《规划》明确指出,加快发展智能制造,是培育我国经济增长新动能的必由之路,是抢占未来经济和科技发展制高点的战略选择,对于推动我国制造业供给侧结构性改革、打造我国制造业竞争新优势、实现制造强国具有重要战略意义。《规划》强调,实现中国制造的全面智能化转型这一重要战略任务,要遵循客观规律,立足国情、着眼长远,加强统筹谋划,积极应对挑战,抓住全球制造业分工调整和我国智能制造快速发展的战略机遇期,要分类、分层、分行业、分步骤、分区域地持续推进,全面积极发挥优势先行区域的试点引领作用。

　　作为我国主要的制造业科创中心和重要的新经济策源地与集聚地,杭州湾大湾区已然成为我国智能制造战略实践的重要先行区。杭州湾大湾区坐拥沪杭甬等诸多都市资源,拥有世界级的金融中心、具有全球影响力的互联网＋创新创业中心、世界级的港口群、制造业和服务业的集聚地,拥

我国智能制造战略整体快速推进和优质发展起到积极指导和正确引领作
用。因此,本书将构建区域智能制造先行度的评价指标体系和综合评价方
法,对杭州湾大湾区的先行程度进行综合评价分析。

1.1 智能制造区域先行度及其研究基础

本书所研究的先行度综合评价是指从智能制造的主体内容和实施保
障因素等诸多方面和指标,系统分析杭州湾大湾区相对于其他参照区域的
综合领先程度。

区域智能制造先行度综合评价指标体系及方法的构建主要基于智能
制造评价的相关理论研究成果与实践经验积累。在智能制造的主体内容
及实施保障因素的区域评价方面存在众多研究成果,尤其是制造装备可靠
性、制造标准体系、工业互联网、数字化与工业化融合、云制造和服务平台、
制造业生态与协同发展、人才队伍等智能制造主体内容,以及区域创新体
系、财税支持、金融扶持、行业组织、合作交流等保障措施方面的区域发展
水平综合评价文献较为充足。在区域制造业发展水平以及智能制造综合
评价方面已有不少实践成果和经验积累,比如,《智能制造发展规划
(2016—2020 年)》明确了关键技术装备、核心支撑软件、智能制造标准、生
态体系、人才队伍、研发设计工具、关键工序数控化、智能工厂普及率等操
作性极强的指标;《中国制造国家级示范区评估指南》中也包含了创新驱
动、质量为先、绿色发展、人才为本、组织实施五大方面的评价指标体系;在
上海、浙江两地的中国制造和智能制造行动计划和实施措施中也存在着大
量的区域评价指标,尤其是浙江省智能制造评价办法从离散型、流程型、网
络协同型、大规模个性化定制型、远程运维服务型五大类型制定出详细的
企业层面智能制造水平评价指标体系。

总之,丰富的相关理论文献研究成果,以及杭州湾大湾区的大量实践
经验积累给本研究提供了理论、方法和实践上的坚实基础。本书在现有理
论成果和实践经验的基础上,以《智能制造发展规划(2016—2020 年)》等
政策文件为指导,构建智能制造区域先行度的层次评价指标体系,并采用

充分考虑指标间关联度的柔性信息集成方法,实现大湾区与其他参考区域的智能制造先行度综合评价与对比分析,以期为杭州湾大湾区的智能制造快速高质发展提供一定的决策借鉴与参考。

1.2　研究内容及体系结构

本书在系统总结智能制造的主体内容及实施保障因素的区域评价等方面的相关研究成果以及杭州湾大湾区智能制造评价实践经验的基础上,以《智能制造发展规划(2016—2020年)》以及上海、浙江两地的行动纲领和实施方案所指出的智能制造战略的总体要求、主要目标、重点任务为依据,将区域智能制造先行度细分成智能集成创新、两化融合推进、试点示范引领、标准体系构建、发展载体培育、基础服务支撑等六大方面的 21 个具体指标,并确定各层次评价指标的主次关系和关联关系,构建出区域智能制造先行度综合评价指标体系和评价方法,完成杭州湾大湾区智能制造先行度的综合水平测算,通过自身原因剖析以及与参考区域发展状况的对比研究,提出杭州湾大湾区智能制造综合水平提升策略与对策建议。整体研究思路如图 1-1 所示。

根据上述研究方案,本书将研究以下四个方面的具体内容。

(1)介绍智能制造的概念及发展现状。主要回顾全球制造业智能升级历程以及我国的制造智能化发展历史,分析智能制造定义以及主要内容和特点,对我国智能制造的发展现状及相关政策进行梳理。

(2)总结区域智能制造评价的理论研究与实践经验。主要从智能制造能力评价、智能制造成熟度评价、装备制造业评价、工业互联网平台评价、云制造服务平台评价等角度对相关理论研究进行归纳分析,从国家未来生产就绪度、德国工业 4.0 就绪度、中国制造国家级示范区评估、信息化和工业化融合评估规范、智能制造标准体系建设、智能制造试点示范条件、浙江省智能制造评价等方面对相关实践经验进行总结梳理。

(3)构建区域智能制造先行度的评价指标及综合评价方法。在融合智能制造评价的理论研究与实践经验的基础上,构建智能集成创新、两化

《智能制造发展规划（2016—2020年）》以及各地行动纲领所提出的总体要求、主要目标、重点任务

从智能制造能力、智能制造成熟度、装备制造业评价、工业互联网评价、云制造服务平台评价等角度总结区域发展水平，综合评价体系构建的理论研究成果

以国家未来生产就绪度、德国工业4.0就绪度、制造强国评价指标及国家级示范区评估指标、两化融合评估规范、智能制造标准体系为核心，系统总结归纳智能制造区域发展评价的实践经验

从智能集成创新、两化融合推进、试点示范引领、标准体系构建、发展载体培育、基础服务支撑六个方面来构造区域智能制造先行度，形成科学合理且具有可操作性的综合评价层次指标体系

各相关文件指出的智能制造战略实施的主要目标及重点内容

智能制造和区域管理相关专家的咨询结果、调查意见和经验建议

形成描述各级指标的权重和交互作用情况的各级非可加测度

近年来杭州湾大湾区及参评地区的历史发展数据

利用Choquet积分获得各参评地区的智能制造先行度静态综合评价值

通过原因剖析和对比分析，提出杭州湾大湾区智能制造综合水平的提升策略与对策建议

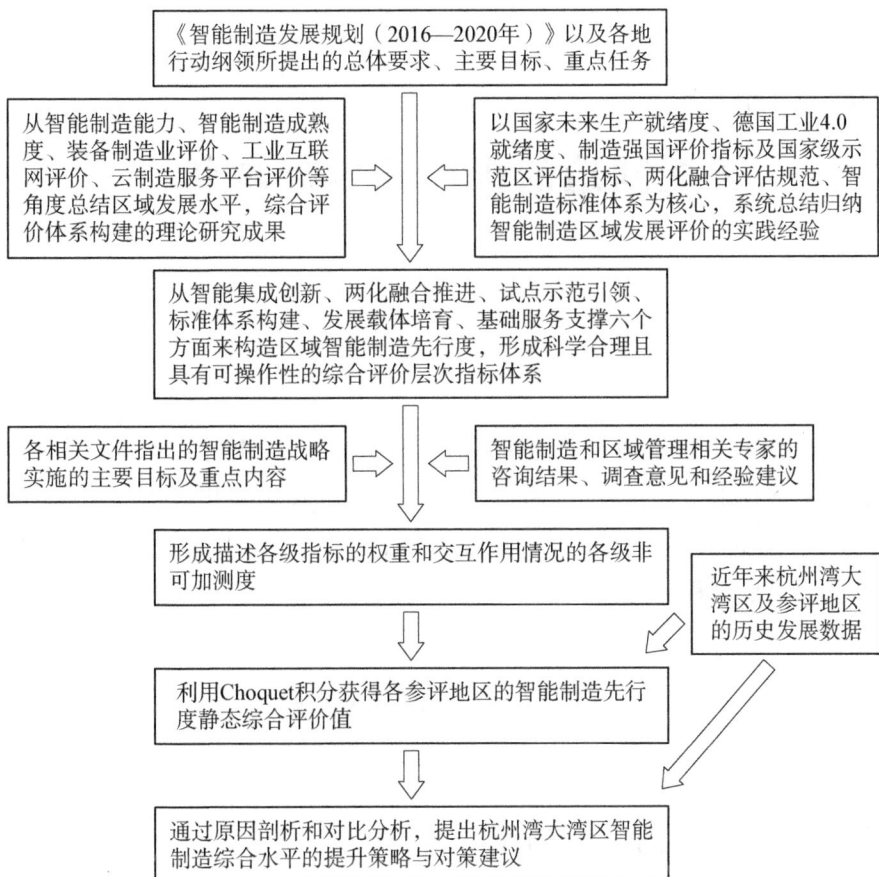

图1-1 本书的研究方案

融合推进、试点示范引领、标准体系构建、发展载体培育、基础服务支撑六个方面的选择指标库，并结合数据的可获得性，最终确定出 21 个二级指标来构建区域智能制造先行度指标体系，进而采用基于多准则偏好信息（MCCPI）的非可加测度与 Choquet 积分来构建先行度评价方法。

（4）对相关区域智能制造先行度进行评价，并提出杭州湾大湾区的发展对策建议。对浙江、上海、江苏、北京、广东等省市的区域智能制造先行度进行综合评价分析，明确杭州湾大湾区（浙江、上海）智能制造先行程度，并对其智能制造的进一步高质先行发展提出对策和建议。

第2章
智能制造的提出及发展现状

　　智能制造是制造业发展的客观必然趋势,是各国制造业的竞争高地。为此,美国提出工业互联网,德国倡导工业 4.0,英国聚焦高价值制造,日本强调工业价值链,中国提出制造强国战略。本章主要阐述智能制造概念的提出、发展进程和现状。

2.1　制造业升级历程

2.1.1　全球制造业升级历程

　　18 世纪中下叶,蒸汽机的发明和应用标志着工业化时代的开始。19世纪,新型冶炼技术、内燃机、电气技术的共同发展,使得规模化流水线生产、科学管理成为制造业的主流形态。到 20 世纪中叶,电子技术、集成电路、计算机技术和信息技术的协同进步,使得工业化生产进入数字化时代,数控加工、柔性制造系统、计算机集成制造、精益生产等成为现代制造技术体系的核心。20 世纪后期,借助互联网和无线通信构建信息物理深入融合系统,制造业进入智能化的全新阶段。制造业发展的不同阶段、标志以及主要成果如表 2-1 所示[1]。

　　在制造业发展水平上,美国始终处于全球制造产业链的领先地位,依赖其信息通信技术方面的绝对实力,借助网络互联和数据共享的力量提升整个国家工业体系的价值创造力[1]。德国、日本处于第二方阵,具备出色

表 2-1　制造业发展历程

发展阶段	标　志	主要成果
机械化	蒸汽机	机器生产代替手工劳动
电气化	电力和电动机	基于劳动分工、电力驱动的批量生产出现
自动化	电子技术和计算机	用电子和 IT 技术实现创造流程的进一步自动化
智能化	网络和智能化	借助互联网和无线通信构建信息物理融合系统

资料来源：德州学院. 智能制造导论[M]. 西安：西安电子科技大学出版社，2016.

的装备制造业基础和发达的信息化基础，核心技术和部件基本上可以自主研发，汽车、电子信息、高端制造等领域在全球制造业分工体系中居于至关重要的地位，在不少领域的核心技术、关键装备、高精尖产品生产上甚至超过美国[1]。英、法等国则处于第三方阵，在核电、高铁列车、航空航天、汽车等制造业领域也处于世界领先水平[1]。为了维持制造业的现有优势和加速制造业的智能化升级，各个国家先后出台并持续强化了相关战略纲领与政策规划，部分政策如表 2-2 所示。

表 2-2　部分国家制造业升级政策

时间	国家	政策名称	政策目标
2012 年	美国	先进制造业国家战略	实现制造业的智能化，保持美国在全球制造业价值链上的高端位置和控制地位
2013 年	德国	工业 4.0 技术	利用分布式、组合式的工业制造单元模块，通过智能化的工业制造系统应对以制造为主导的第四次工业革命
2013 年	法国	新工业	通过创新重塑工业实力，使法国重回全球工业第一梯队
2013 年	英国	高价值制造战略	应用智能化技术和专业知识，以创造力带来持续增长和高经济价值潜力的产品、生产过程和相关服务，达到重振英国制造业的目标
2015 年	日本	新机器人战略计划	通过科技和服务创造新价值，以"智能制造系统"作为该计划的核心理念，促进日本经济的持续增长，应对全球大竞争时代

美国于 2012 年 2 月正式发布《先进制造业国家战略计划》[2]，旨在建设智能制造技术平台以加快智能制造技术创新，并提出加快中小企业投

资、提高劳动力技能、建立健全伙伴关系、调整优化政府投资、加大研发投资力度五大发展目标。美国政府在 2016 年发布《国家制造创新网络计划》（National Network for Manufacturing Innovation Program，NNMI）[3]，提出了提升美国制造业的竞争力，促进创新技术向规模化、经济和高绩效的本土制造能力转化，加速先进制造劳动力的发展，支持和帮助制造创新机构稳定、可持续发展的商业模式四个战略目标，并对各个制造创新机构进行了详细的情况说明。

德国于 2013 年 4 月正式推出"工业 4.0"这一国家级战略规划[4]，其目的是在新一轮的工业革命中占据领先地位。该战略规划可以称为"1438"模型，其核心是一个网络利用信息物理系统（Cyber-Physical Systems，CPS），实现由集中式控制向分散式增强型控制转变的基本模式，建立一个高度灵活的个性化、数字化的产品与服务的生产模式。该战略包括智能工厂、智能生产体系、智能物流、智能服务四个主题，旨在通过价值链实现横向集成，依托网络化制造系统实现纵向集成，借助信息和物理融合实现工程端对端的集成三种有效集成，并进一步在标准化体系架构、工业宽带基础设施、复杂系统管理、工作组织设计、人才培训与专业发展、监管框架、安全保障、资源利用效率八个方面布置了优先行动计划。

法国于 2013 年 9 月正式发布了《新工业法国》[5]，旨在通过创新重塑工业实力，使法国重回全球工业第一梯队。该战略是一项 10 年期的中长期规划，主要目的是为了解决能源、数字革命和经济生活三大任务。2015 年 5 月，法国政府对《新工业法国》进行了大幅调整。《新工业法国Ⅱ》标志着法国"再工业化"开始全面学习德国工业 4.0[6]。调整后的法国"再工业化"总体布局为"一个核心，九大支点"。一个核心，即"未来工业"，主要内容是实现工业生产向数字制造、智能制造转型，以生产工具的转型升级带动商业模式变革。九大支点包括大数据经济、环保汽车、新资源开发、现代化物流、新型医药、可持续发展城市、物联网、宽带网络与信息安全、智能电网，从国家层面系统地优化了法国制造业发展的总体布局。

英国于 2013 年 10 月推出报告《工业 2050 战略》[7]。这是面向 2050 年英国制造业发展的一份长期战略研究报告，分析了英国制造业面临的问题和挑战，提出了英国制造业发展与复苏政策。该报告认为，信息通信技术、新材料等科技在未来与产品和生产网络深度融合,将极大地改变产品的设计、制造、提供和使用方式;未来制造业的主要趋势是个性化的低成本产品需求增大,生产重新分配和制造价值链的数字化,制造业的生产过程和技术、制造地点、供应链等都将产生重大变革。

日本于2015年1月由国家机器人革命推进小组发布了《机器人新战略》[8],计划通过实施五年行动计划和六大重要举措来实现日本成为"世界机器人创新基地""世界第一的机器人应用国家""迈向世界领先的机器人新时代"的三大核心目标,实现机器人革命,以应对日益突出的老龄化、劳动人口减少、自然灾害频发等问题,提升日本制造业的国际竞争力,获取大数据时代的全球竞争优势。

综合来看,美国的《先进制造业国家战略计划》和《国家制造创新网络计划》,英国的《工业2050战略》,以及法国的《新工业法国》侧重于智能制造的宏观规划与战略布局,而德国的"工业4.0"及日本的《机器人新战略》则更侧重于微观操作和重点突破。

2.1.2　我国制造业发展历程

改革开放以来,我国制造业取得了长足的进步,对国民经济的促进作用日益明显,总体规模位居世界前列,已成为世界制造大国。大致发展历程如表2-3所示。

表2-3　中国制造业发展历程

发展时期	特征	成就
20世纪80年代	国有经济为主流	开放与经济体制改革促进中国制造业第一阶段的高速发展
20世纪90年代	民营制造业崛起、外资制造业进入	装备现代化,经济规模化,中国沿海地区制造业迅速发展
2000年至今	中国制造大国与强国	发挥成本优势,形成国际竞争力,中国制造业融入世界

为了适应全球制造产业格局以及提升制造水平,我国在2015年提出制造强国战略,明确了四大转变、一条主线、三步走战略、九大任务。其中,

四大转变包括由要素驱动向创新驱动转变、由低成本竞争优势向质量效益竞争优势转变、由资源消耗大和污染排放多的粗放制造向绿色制造转变、由生产型制造向服务型制造转变。一条主线是强调以体现信息技术与制造技术深度融合的数字化、网络化、智能化制造为主线。三步走战略分为：第一步，到 2025 年，迈入制造强国行列；第二步，到 2035 年，我国制造业整体达到世界制造强国阵营中等水平；第三步，到中华人民共和国成立约100 年时，我国制造业大国地位更加巩固，综合实力进入世界制造强国前列。九项战略任务包括提高国家制造业创新能力、推进信息化与工业化深度融合、强化工业基础能力、加强质量和品牌建设、全面推进绿色制造、大力推动重点领域突破发展并聚焦十大重点领域、深入推进制造业结构调整、积极发展服务型制造业和生产型服务业、提高制造业国际化发展水平。

智能制造以数字化、网络化、智能化为特征，是新一轮工业革命的核心和我国制造强国的制高点、突破口和主攻方向。中国制造强国战略以创新驱动发展为主要动力，以信息化与工业化深度融合为主线，以推进智能制造为主攻方向，给出了中国由制造大国向制造强国转变的重要路径。

2.2　智能制造的提出

2.2.1　智能制造的定义

1988 年，美国学者保罗·肯尼思·莱特(P. K. Wright)和大卫·艾伦·伯恩(D. A. Bourne)在合著的《智能制造》(*Manufacturing Intelligence*)[9]一书中指出，智能制造是通过集成知识工程、制造软件系统、机器人视觉和机器控制对制造技工的技能和专家知识进行建模，以使智能机器人在没有人工干预的情况下进行小批量生产。1989 年，D. A. 伯恩组织完成了首台智能加工工作站(intelligent machining workstation, IMW)的样机，被认为是智能制造机器发展史的一个重要里程碑。

1990 年 4 月，日本倡导"智能制造系统(intelligent manufacturing

system，IMS)国际合作研究计划"[10]，美国、欧盟、加拿大、澳大利亚等发达国家和地区相继参与。该计划将智能制造定义为一种由智能机器和人类专家共同组成的人机一体化智能系统,其在制造过程中能进行智能活动(如分析、推理、判断、构思和决策等),强调通过人与智能机器的合作共事,实现不断扩大、延伸并部分取代人类在制造过程中的脑力劳动。IMS总投资达 40 亿美元,旨在克服柔性制造系统(fexible manufacture system,FMS)、计算机集成制造系统(computer intergrated manufacturing system,CIMS)的局限性,把日本工厂和车间的专业技术与欧盟的精密工程技术、美国的系统技术充分地结合起来,开发出能使人和智能设备都不受生产操作和国界限制、彼此合作的高技术生产系统。IMS 的目标是要全面展望 21 世纪制造技术的发展趋势,先行开发下一代的制造技术,同时致力于全球制造信息、制造技术的体系化、标准化。1993—1994 年,IMS 在日本、美国、欧洲、加拿大和澳大利亚等地开展了 6 个试点项目,73 家公司和 60 多所大学和研究机构参与了项目研究。

20 世纪 90 年代,美国国家科学基金会开始着重资助制造过程中的智能决策、智能协作求解、智能并行设计、智能物流传输等研究内容。1991年,美国提出"先进制造技术(advanced manufacturing technology,AMT)[11]发展战略"。同年,韩国也提出"高级先进技术国家计划"(简称 G-7 计划)。

进入 21 世纪,日本、美国、欧洲等地再次掀起智能制造的浪潮,将智能制造视为 21 世纪全球制造业科技竞争的制高点。

2011 年 6 月,美国智能制造领导力联盟发布《实施 21 世纪智能制造》报告[12],指出智能制造是先进智能系统强化应用、新产品快速制造、产品需求动态响应,以及工业生产和供应链网络实时优化的制造。其核心技术是网络化传感器、数据互操作性、多尺度动态建模与仿真、智能自动化以及可扩展的多层次网络安全。

2012 年 3 月 27 日,我国科技部组织编制的《智能制造科技发展"十二五"专项规划》[13]认为:智能制造是面向产品全生命周期,实现泛在感知条件下的信息化制造;智能制造技术是世界制造业未来发展的重要方向之一,是推动我国传统制造产业的结构转型升级的重要途径,全面开展智能制造技术研究将是发展高端装备制造业的核心内容和促进我国从制造大国向制造强国转变的必然。

2013年4月,德国的"工业4.0"将智能制造解释为通过广泛应用互联网技术,实时感知、监控生产过程中产生的海量数据,实现生产系统的智能分析和决策,生产过程变得更加自动化、网络化、智能化,使智能生产、网络协同制造、大规模个性化制造成为生产新业态。该战略规划强调智能制造要完成由集中式控制向分散式增强型控制的基本模式转变,建立一个高度灵活的个性化和数字化的产品与服务的生产模式,建设信息物理系统网络,实现智能工厂和智能生产,完成产品制造的纵向集成、横向集成、端到端集成,并实现生产由集中向分散转变,产品由趋同向个性转变,用户由部分参与向全程参与转变。

2016年2月,美国国家标准与技术研究院工程实验室系统集成部门发布《智能制造系统现行标准体系》[14],明确指出智能制造生态系统要打造互操作性,并增强制造企业生产力的全面数字化,通过设备互联和分布式智能来实现实时控制和小批量柔性生产,构建快速响应市场变化和供应链失调的协同供应链管理,利用集成和优化的决策支撑提升能源和资源使用效率,通过产品全生命周期的高级传感器和数据分析技术实现高速的创新循环。智能制造有别于其他基于技术的数字化制造范式,具备自我完善和生态体系进化能力,是下一代制造的目标愿景。

2016年2月,国家工业和信息化部、财政部联合制定的《智能制造发展规划(2016—2020年)》[15]将智能制造定义为基于新一代信息通信技术与先进制造技术深度融合,贯穿于设计、生产、管理、服务等制造活动的各个环节,具有自感知、自学习、自决策、自执行、自适应等功能的新型生产方式。该规划进一步指出,加快发展智能制造是培育我国经济增长新动能的必由之路,是抢占未来经济和科技发展制高点的战略选择,对于推动我国制造业供给侧结构性改革,打造我国制造业竞争新优势,实现制造强国具有重要战略意义。

表2-4列出了上述各智能制造的定义和侧重点。

表 2-4　智能制造的定义及侧重点

来源	定义	侧重点
日本"智能制造系统国际合作研究计划"	智能制造是一种由智能机器和人类专家共同组成的人机一体化智能系统,它在制造过程中能进行智能活动,如分析、推理、判断、构思和决策等。通过人与智能机器的合作共事,去扩大、延伸和部分取代人类专家在制造过程中的脑力劳动	强调机器智能与人机一体化
美国《实施 21 世纪智能制造》	集成了网络产生的数据和信息,包括制造型和供应链型企业所涉及的实时分析、推理、设计、规划和管理等各方面,即制造智能,可通过广泛的、全面的、有目的地使用基于传感器产生的数据进行分析、建模、仿真和集成,为企业提供实时的决策支持	强调数据与信息的获取、建模、应用、分析等方面的实时与集成以及决策支持
德国"工业 4.0"	通过广泛应用互联网技术,实时感知、监控生产过程中产生的海量数据,实现生产系统的智能分析和决策,生产过程变得更加自动化、网络化、智能化,使智能生产、网络协同制造、大规模个性化制造成为生产新业态	侧重信息物理融合系统的应用以及生产新业态
美国《智能制造系统现行标准体系》	具有互操作性和增强生产力的全面数字化制造企业,通过设备互联和分布式智能实现实时控制和小批量柔性生产;构建快速响应市场变化和供应链失调的协同供应链管理;利用集成和优化的决策支撑提升能源和资源使用效率;通过产品全生命周期的高级传感器和数据分析技术实现高速的创新循环	侧重柔性生产、协同供应链、能源和资源利用等智能制造目标
中国《智能制造发展规划(2016—2020 年)》	基于新一代信息通信技术与先进制造技术深度融合,贯穿于设计、生产、管理、服务等制造活动的各个环节,具有自感知、自学习、自决策、自执行、自适应等功能的新型生产方式	侧重加快新一代信息技术与制造技术深度智能融合

　　本书采用我国《智能制造发展规划(2016—2020 年)》给出的智能制造定义,强调前沿信息技术与先进制造技术的深度整合升级,以及制造全过程自主柔性的智能协同。

2.2.2　智能制造的内容与特点

智能制造将互联网技术、设备技术、云计算和大数据等信息化技术应用于生产、控制、操作、制造执行、企业运营、分析决策、商业模式、协同创新等过程,旨在实现自动识别、自动记录、自主分析、自主判断、自主决策、自主优化,并通过设备联网、智能运营模式、协同创新对传统制造业进行升级改造,并实现企业管理过程的智能化、柔性化、集成化。智能制造通过广泛应用互联网技术,实时感知、监控生产过程中产生的海量数据,实现生产系统的智能分析和决策,使生产过程变得更加自动化、网络化、智能化,使智能生产、网络协同制造、大规模个性化制造成为生产新业态。

标准化是智能制造的前提条件。标准为工业大数据提供了一个可持续发展的基础环境,为实现技术创新以达到智能制造要求奠定了坚实的基础,是信息系统、生产制造系统、自动化系统在产品的设计、生产、物流、销售、服务全生命周期中协同互动的保障。产品的智能化、装备的智能化、生产的智能化、管理的智能化以及服务的智能化,要求数据信息能够在装备、人、企业、产品之间实现实时交换、准确识别、智能处理以及快速更新,必须通过制定成体系的技术标准、服务标准、管理标准和安全标准来完成。标准不仅体现了某一国家的技术基础和产业基础,也是国与国之间产业实力的竞争和对国际市场话语权的竞争。积极参与并争取主导制定关键领域的国际标准,是争夺智能制造国际话语权的重要手段。

智能产品是智能制造的主要载体。智能产品是具备一项或多项智能特性的智能装置、智能设备或智能终端,其通常将现代通信技术、传感技术应用于制造业,比如将传感器、存储器、传输器、处理器等设备置入产品当中,从而使产品具有动态存储、通信与分析能力,具有可追溯、可追踪、可定位的特性。智能产品可以划分成三个不同的智能化水平[16]:一是基础智能,即实现产品数据感知、采集、集成、分析,实现设备自诊断、自适应、自决策;二是系统智能,即通过机器学习和数据挖掘,获取并分析用户行为、产品偏好信息,实现产品自学习、自适应,并完成与其他智能产品的信息互联与协同集成;三是交互智能,即通过人工智能和大数据分析,建立智能化人机交互系统,实现产品与用户需求的高效互动及智能匹配,从而形成智

能制造的新兴商业模式。

智能制造装备是智能制造的重要内容。智能制造装备需要实现以人为决策核心的人机和谐系统向以机器为主体的自主运行方向转变[16,17]。智能制造装备主要包括先进灵敏的传感器组件、灵活多用的控制系统、工业机器人操纵设备、自动化设备生产线[18]。生产企业在装备智能化转型过程中可以逐步实现单机智能化、单机装备互联、智能生产线、智能车间、智能工厂,并最终将市场和消费者需求互联融入装备升级改造过程,完成全产业链装备智能化。

智能生产是智能制造的主要呈现。智能生产是指将智能技术应用于生产领域的一种新生产模式[19],主要通过构建智能化生产系统、网络化分布生产设施,实现生产过程的智能化。智能生产包含由智能装备、传感器、过程控制、智能物流、制造执行系统、信息物理系统组成的人机一体化系统。智能生产的目的是达到设计、生产、管理的数字化、网络化和智能化,是以智能工厂为核心,将人员、机器、方法、原料、环境连接起来,多维度深度融合,最终实现产业模式转变,是智能制造的必然结果。产业模式的智能转变必然实现从以产品为中心向以用户为中心的转变,由大规模流水线生产向定制化规模生产的转变,由生产性制造向服务型制造的转变[20]。

2.3　我国智能制造发展现状

如前所述,《智能制造发展规划(2016—2020 年)》等国家层面的智能制造政策和相关推动措施的出台,以及各级政府围绕智能制造、工业互联网、智能装备、人工智能等方面保障措施的不断推进,对我国智能制造业的健康快速发展产生了积极作用,稳步加速了行业与企业的转型升级和智能化水平提升,智能制造也逐渐成为全新的产业机遇和经济发展动能。综合来看,我国智能制造业发展现状具备如下五个方面的特点。

2.3.1　四大聚焦区逐步形成

新华社中国经济信息社发布的《2016—2017 中国智能制造年度发展

报告》显示,随着制造强国战略的逐步实施,我国制造业步入新常态下的攻坚阶段,基本形成长三角、珠三角、环渤海和中西部四大智能制造产业聚集区。

1) 长三角地区

长三角地区以江苏、上海和浙江为核心区域,优势是电子信息技术产业基础雄厚,正形成集智能设计、智能产品、智能装备和智能技术及服务于一体的全产业链,各个省市在试点示范建设、制造装备等方面取得显著成效。上海市在智能装备和工业软件领域取得重大突破,在数字化车间、智能装备、智能制造新业态新模式、智能服务等层面涌现出一批先进企业;在电子信息、航空航天、船舶海工、装备制造等重点行业积极推广智能制造应用,重点培育离散型智能制造、流程型智能制造、网络协同制造、大规模个性化定制、远程运维服务等智能制造新模式;拥有国家机器人监测与评定中心、国家机器人质量监督检验中心、智能工厂(车间)通用技术标准与试验验证平台、智能制造工业云、大数据标准试验验证平台等众多国家级智能制造平台。江苏省创建了一批示范智能车间,高端制造产业集群发展成效显著,形成了新型电力(新能源)装备、工程机械、物联网、高端纺织(含服装)、集成电路、海工装备和高技术船舶、节能环保、汽车及零部件(含新能源汽车)、前沿新材料、生物医药和新型医疗器械、高端装备、核心信息技术、新型显示等集群产业;工业机器人、高档数控机床、数字化生产线、智能成套装备、新型传感器、智能控制系统、智能仪器仪表等智能制造装备产业链逐步完善,涌现出一大批具有较强行业竞争力的智能制造装备企业。浙江省在高端装备制造领域取得突破,在电子信息、轻工纺织、医药石化、汽车及零部件等重点行业中选择骨干企业,开展智能制造示范试点车间、工厂建设,重点培育离散型智能制造、流程型智能制造、大规模个性化定制等智能制造新模式;建立健全了智能制造专家指导服务工作机制,聚焦传统优势产业基础好、中小企业多、集群化程度高的重点县(市、区)开展专家精准专业的指导服务,进行面对面个性化指导,取得积极成效。

2) 珠江三角洲

珠江三角洲的智能制造装备产业在人力资源、科技、资本等生产要素市场,以及产业配套能力和政策支撑等方面具备较为雄厚的发展基础,已

初步显现智能制造产业集聚发展特征。广东省智能制造产业规模逐年稳步扩大,企业自主知识产权逐年增加。深圳市是物联网产业链发展较成熟的城市,聚集了全球丰富的物联网应用型企业,形成了智能制造较为齐全的供应链,其智能制造发展效益显著。珠海市先进装备制造产业日益集聚发展,拥有航空航天、生物医药等国家新型工业化产业示范基地以及智能制造、新能源客车等省级战略性新兴产业基地,培育和引进了大批智能装备生产企业,形成了海洋工程装备制造、智能通信设备制造及新能源汽车等先进装备制造产业集聚区,装备制造业体系不断完善,大数据、工业软件、人工智能等智能技术应用能力逐步增强,通过实施制造业创新升级、智能制造、绿色制造、互联网＋先进制造、服务型制造五大工程,力争到 2025年建成"世界级海洋工程装备制造基地""国家级通用航空制造基地""中国南方智能装备制造基地"。

3) 环渤海

环渤海涉及京、津、冀、辽、鲁等省市。环渤海地区智能化改造取得显著成效。北京市 2018 年两化融合指数达到 57.3,国家智能制造试点示范项目累计 14 个,"双创"指数综合排名居全国首位;清华大学、机械科学研究总院、中科院等国内智能制造技术领先的高等院校和研发机构在智能仪控系统、增材制造等领域取得多项创新成果;全球首款消费级模块化机器人、国际先进的语义分析系统深度好奇、新一代微型双光子荧光显微镜等国际关注的高精尖原创技术,已经在中关村智造大街集聚。天津市 2018年智能制造覆盖率为 51.6％,标准排名城市研究院、《经济观察报》城市与政府事务研究院发布的《世界智能制造中心发展趋势报告(2019)》显示其多项指标在全球排位中夺冠;装备制造业带动力强,智能制造企业广泛分布在制造业的 26 个行业大类中,电气机械和器材制造业、通用设备制造业、专用设备制造业以及计算机通信和其他电子设备制造业四个行业大类的企业数量占比均超过 10％。河北省的装备制造、钢铁、石油化工、食品、医药、建材、纺织服装、电子信息、新材料、新能源等产业转型升级整体效果明显;推行"智能工厂和数字化车间"的评定与示范,形成了石家庄药用辅料、保定新能源与智能电网两个国家级创新型产业集群和石家庄卫星导航、唐山机器人、承德仪器仪表等 14 个省级战略性新兴产业集群。辽宁省

实施智能化改造升级,智能制造基础技术研究不断突破,中科院沈阳自动化研究所、中科院沈阳计算研究所等机构在机器人、复杂制造系统、智能信息处理等方面拥有关键技术,承担了国家智能制造相关领域多项标准制定工作。山东省制造业智能化水平不断提高,两化融合发展水平稳居全国前列,企业生产设备数字化率、数字化研发设计工具普及率、关键工序数控化率等方面表现突出,智能制造成效显著。

4)中西部

中西部集聚区以湖北、湖南、重庆、四川等省份为主。湖北省高端产业在自贸区呈集聚发展态势,创新型企业正加速聚集;武汉市已成为中国光通信领域最大的技术研发和生产基地,旨在进一步打造超万亿元产值的世界级产业集群;襄阳市已具备完整的新能源汽车产业体系,旨在打造中国新能源汽车之都;宜昌市聚焦生物医药产业,总投资亿元以上重点项目大量聚焦。湖南省重点发展以高档数控机床、工业机器人、增材制造为代表的智能装备,以新型传感器、智能测量仪表、工业控制系统为代表的智能核心装置,以智能化轨道交通装备、智能化工程机械、智能化电力设备等为代表的智能产品。重庆市大力发展大数据、人工智能、集成电路、智能超算、软件服务、物联网、数字内容等 12 个重点产业,不断提高大数据智能化技术产品服务供给能力,助力制造业加速智能化转型升级,大力推动数字经济与实体经济融合和完善新一代信息基础设施。四川省重点培育综合、食品饮料、机械加工和仓储物流四个类别智能制造供应商,旨在构建智能制造系统解决方案,促进智能制造水平的整体提升。

2.3.2　工业互联网初具规模

工业互联网是连接工业全系统、全产业链、全价值链,支撑工业智能化发展的关键基础设施,是新一代信息技术与制造业深度融合所形成的新兴业态和应用模式,是互联网从消费领域向生产领域、从虚拟经济向实体经济拓展的核心载体。其本质和核心是通过工业互联网平台把设备、生产线、工厂、供应商、产品和客户紧密地连接融合起来。工业互联网可以帮助制造业拉长产业链,形成跨设备、跨系统、跨厂区、跨地区的互联互通,从而提高效率,推动整个制造服务体系智能化,还有利于推动制造业融通发展,

实现制造业和服务业之间的跨越发展,使工业经济各种要素资源能够高效共享。

随着新一代信息技术、智能传感技术、工业网络技术、边缘计算技术、平台化技术、工业软件、大数据技术的日益成熟,工业互联网得到了快速的发展。智能传感技术使得工业级传感器具有高度的稳定性和灵敏性,所收集的数据通过边缘计算技术的处理,经过互联网上传到云计算平台汇总,消除冗余数据,可以更好更经济地完成对工业生产的控制与信息反馈。工业生产和企业管理软件的不断创新演化,使得全球各大制造业公司能够以软件带动硬件,打造集软硬件于一体的行业解决方案平台,构筑新的智能化竞争优势。工业互联网技术还促进了组织结构的优化变革,使其更加趋向于扁平化、网络化、无线化、智能化。

我国在工业互联网发展方面相继出台了一系列文件。2018 年 7 月,工业和信息化部印发了《工业互联网平台建设及推广指南》和《工业互联网平台评价方法》,提出要培育跨行业跨领域工业互联网平台和一批面向特定行业、特定区域的企业级工业互联网平台。2019 年 1 月,工业和信息化部印发了《工业互联网网络建设及推广指南》,明确要建成工业互联网基础设施和技术产业体系,包括建设满足试验和商用需求的工业互联网企业外网标杆网络,建设一批工业互联网企业内网标杆网络,建成一批关键技术和重点行业的工业互联网网络实验环境,建设网络技术创新和行业应用测试床,形成先进、系统的工业互联网网络技术体系和标准体系等。2019 年 3 月,"工业互联网"成为"热词"并被写入 2019 年国务院《政府工作报告》,提出要围绕推动制造业高质量发展,强化工业基础和技术创新能力,促进先进制造业和现代服务业融合发展,加快建设制造强国,打造工业互联网平台,拓展"智能+",为制造业转型升级赋能。2020 年 3 月,工业和信息化部印发《关于推动工业互联网加快发展的通知》,指出要加快新型基础设施建设、加快拓展融合创新应用、加快健全安全保障体系、加快壮大创新发展动能、加快完善产业生态布局、加大政策支持力度、统筹发展与安全,最终推动工业互联网在更广范围、更深程度、更高水平上融合创新,培植壮大经济发展新动能,支撑实现高质量发展。这些政策文件的相继出台,有力保障了我国工业互联网发展的良好态势,提升了产业融合创新水平,加快了制造业数字化转型的步伐,推动了实体经济高质量发展,使得工业互联网、5G、数据中心等数字基础设施日益成为新型基础设施建设的重要组成部分。

《关于推动工业互联网加快发展的通知》显示,我国在工业互联网方面取得了如下四个方面的创新发展:

(1)工业互联网新型基础设施建设体系化推进,工业互联网网络覆盖范围不断扩大。基础电信企业积极构建面向工业企业的低时延、高可靠、广覆盖的高质量外网,"5G+工业互联网"探索推进,时间敏感网络、边缘计算、5G工业模组等新产品在内网改造中探索应用,启动建设国家工业互联网大数据中心,工业互联网平台跨行业、跨领域的引领作用显著。

(2)工业互联网与实体经济的融合持续深化。工业互联网已渗透应用到包括工程机械、钢铁、石化、采矿、能源、交通、医疗等在内的30余个国民经济重点行业。智能化生产、网络化协同、个性化定制、服务化延伸、数字化管理等新模式创新活跃,有力推动了转型升级,催生了新增长点。典型大企业通过集成方式,提高数据利用率,形成完整的生产系统和管理流程应用,智能化水平大幅提升。中小企业则通过工业互联网平台,以更低的价格、更灵活的方式补齐数字化能力短板。大、中、小企业以及第一、二、三产业融通发展的良好态势正在加速形成。

(3)工业互联网产业新生态快速壮大。在国家政策的引导下,各地加大投入力度,支持企业上云上平台和开展数字化改造,推动建立产业投资基金。北京、长三角、粤港澳大湾区已成为全国工业互联网发展高地,东北老工业基地和中西部地区则注重结合本地优势产业,积极探索各具特色的发展路径。工业互联网产业联盟不断壮大,直接推进标准技术、测试验证、知识产权、产融对接等多方面合作。

(4)工业互联网安全保障能力显著提升。构建了多部门协同、各负其责、企业主体、政府监管的安全管理体系,通过监督检查和威胁信息通报等举措,企业的安全责任意识进一步增强;建设国家、省、企业三级联动安全监测体系,服务9万多家工业企业、135个工业互联网平台,协同处置多起安全事件,基本形成工业互联网安全监测预警处置能力。

2.3.3　标准化建设有序推进

标准化是发展智能制造的重要基础和推进抓手,"智能制造、标准先行",标准化工作是实现智能制造的重要技术基础。为指导智能制造标准化工作,解决标准缺失、滞后、交叉重复等问题,落实"加快制造强国建设",国家智能制造标准化协调推进组、总体组和专家咨询组相继成立。

自国家发布《国家智能制造标准体系建设指南(2015 年版)》后,组织实施智能制造专项,先后支持系列智能制造标准研制及试验验证项目。2016 年 10 月,工业和信息化部公布了首批"智能制造系统架构"等 12 项国家智能制造标准计划项目,智能制造标准体系框架及多部门协调、多标委会协作的工作推进机制基本形成。2017 年,在智能制造专项的持续支持下,围绕互联互通、多维度协同等瓶颈领域,进一步组织开展智能制造基础共性标准、关键共性标准和行业应用标准研究,搭建一批标准试验验证平台(系统),开展全过程试验验证,加快智能制造标准制修订,在制造业各个领域全面推广,逐步完善智能制造标准体系。按照标准体系动态更新机制,扎实构建满足产业发展需求、先进适用的智能制造标准体系,推动装备质量水平的整体提升,工业和信息化部、国家标准化管理委员会共同组织制定了《国家智能制造标准体系建设指南(2018 年版)》(简称《指南》)。

《指南》给出了我国智能制造标准化体系的建设目标,即按照"共性先立、急用先行"的原则,制定安全、可靠性、检测、评价等基础共性标准,识别与传感、控制系统、工业机器人等智能装备标准,智能工厂设计、智能工厂交付、智能生产等智能工厂标准,大规模个性化定制、运维服务、网络协同制造等智能服务标准,人工智能应用、边缘计算等智能赋能技术标准,工业无线通信、工业有线通信等工业网络标准,机床制造、航天复杂装备云端协同制造、大型船舶设计工艺仿真与信息集成、轨道交通网络控制系统、新能源汽车智能工厂运行系统等行业应用标准,带动行业应用标准的研制工作。推动智能制造国家和行业标准上升成为国际标准。《指南》进一步明确:到 2018 年,累计制定或修订 150 项以上智能制造标准,基本覆盖基础共性标准和关键技术标准;到 2019 年,累计制定或修订 300 项以上智能制造标准,全面覆盖基础共性标准和关键技术标准,逐步建立起较为完善的智能制造标准体系。建设智能制造标准试验验证平台,提升公共服务能力,提高标准应用水平和国际化水平。我国已经出台修订的智能制造相关标准可参见国家智能制造标准化总体组官网(http://www.imsg.org.cn)。

2.3.4　两化融合稳步提升

两化融合是指信息化和工业化融合,是党中央、国务院在新时期做出的重大战略部署,是加快工业转型升级的重要途径,是建设资源节约型、环境友好型智能服务社会的必然选择。

《工业企业信息化和工业化融合评估规范》(GB/T 23020-2013)是我国评价企业两化融合程度和水平的重要依据,根据各企业的评价结果可以汇总获得各行业、各区域两化融合的情况。企业两化融合评估包括水平与能力评估、效能与效益评估两个部分,其中水平与能力评估包括基础建设、单项应用、综合集成、协同与创新四个主要方面;效能与效益评估包括竞争力、经济和社会效益两个主要方面。为进一步表征企业两化融合发展的阶段性特征和内涵,该评估规范将企业两化融合发展划分为四个阶段:起步建设阶段(初级阶段)、单项覆盖阶段(中级阶段)、集成提升阶段(高级阶段)和创新突破阶段(卓越阶段)。

两化融合服务平台(http://www.cspiii.com)是推进和展示我国企业两化融合进程的重要平台,提供线上集成评估指标制定、问卷自动生成、评估数据采集、自动评分、数据分析、诊断报告和综合成果展示等全流程解决方案,并基于全国企业两化融合评估数据库和诊断对标模型,为参评企业在线实时自动反馈评估诊断报告,报告内容涵盖参评企业两化融合总体水平、所处阶段、各项关键指标与全国同行业、同规模企业的对标情况等,为企业精准决策提供量化支撑。该平台已实现全国30余个省级行政单位、国民经济三大产业101个细分行业、97个中央企业集团的全面覆盖,为140000余家企业提供评估诊断和对标引导服务,有效推动了各应用主体线上线下协同工作以及企业数据和案例的有效积累,逐步形成了以数据为核心的政府精准施策、行业精准引导、企业精准决策、市场精准服务新模式,推动两化融合发展向数据驱动型创新体系和发展模式转变。

国家工业信息安全发展研究中心发布的《中国两化融合发展数据地

图》和《两化融合管理体系简报》显示,我国在行业智能制造设备数字化和关键工序数控化方面已具备良好基础。从行业生产设备数字化和关键工序数控化发展情况来看,以流程型生产为主的原材料行业整体水平较高,以离散型制造为主的重点行业中,电子信息制造业整体水平领先,装备制造业行业相对落后。在行业横向纵向集成方面,部分大型钢铁企业有效实现生产管理和制造过程的纵向集成,可以实现管控集成和产供销集成,具有一定的供应链协同运作水平;家电行业部分实现内部供应链各环节的全面集成和产业链上下游之间的全面业务协同;机械行业部分实现产品模型在产品设计、工艺设计、生产制造、生产管理各业务环节的有效集成与共享。在行业智能制造就绪度方面,各行业装备数字化和联网化虽已具备一定基础,但距离全面就绪还有很大的提升空间。电子行业具有集聚创新资源与要素的特征,是极为活跃、带动性最强、渗透性最广的领域,平板显示、集成电路以及移动终端与通信设备等关键技术逐步成熟,其智能制造就绪度水平居于领先地位,而汽车行业、机械行业、食品行业等也在不断推进数字化,智能化技术在企业研发、设计、生产、物流、售后等方面得到应用,具备一定的智能制造就绪度。

《中国两化融合发展数据地图》和《两化融合管理体系简报》显示,我国企业在基础设施建设、综合集成水平、智能制造新业态新模式以及智能制造就绪度方面均取得进步。在企业基础设施建设方面,自动控制与感知、工业软件、工业网络、工业云平台等智能制造发展的重要新型基础设施对智能制造发展具有一定的支撑和保障能力。在企业综合集成水平方面,需要提升综合集成水平,实现企业内部底层装备、过程控制、制造执行、生产经营管理等环节间的纵向集成,以及跨领域、跨企业的横向集成,重点发展基于数据互通的生产经营管理闭环管控以及跨企业业务集成。在企业智能制造新业态新模式方面,正在由以人为中心的消费互联网向以企业和组织为中心的产业互联网演进,企业开始进行网络化协同研制,将用户与产业链上下游合作伙伴引入企业的研发生产业务活动中,基于互联网分布式协同环境,围绕打造用户价值,开展研发、生产、服务等方面的协同合作。在企业智能制造就绪度上,部分企业装备数控化程度较高,管理信息化与底层自动化之间以及内部供应链上采购、生产、销售、库存、财务等环节间实现了集成,并开始向智能工厂、智慧企业迈进。

《中国两化融合发展数据地图》和《两化融合管理体系简报》显示,自2012年以来,我国两化融合水平持续稳定提高,综合集成效果持续稳定提升。我国两化融合继续保持良好的发展势头,发展水平增速为2.3%,工业增长正从高速转向中高速,经济结构正从增量扩能为主转向调整存量、做优增量并举,发展方式正从规模速度型转向质量效率型,发展动力正从要素驱动转向创新驱动。在新环境中培育不同技术条件和市场环境下的新型能力,稳步推进企业两化融合发展,是产业升级的必由之路。经过多年发展,我国两化融合发展进程逐步加深,起步建设阶段比例下降,集成提升及以上阶段比例成倍上升。

2.3.5　试点示范进展明显

2015年3月,工业和信息化部印发了《关于开展2015年智能制造试点示范专项行动的通知》,并下发了《2015年智能制造试点示范专项行动实施方案》,决定自2015年启动实施智能制造试点示范专项行动,以促进工业转型升级,加快制造强国建设进程。

据公开数据统计,2015—2018年获得国家批准的试点示范项目数有305个,且逐年呈现上升的趋势。2016年开始,覆盖范围明显扩大,尤其是东部、中部省份的试点示范项目数量进一步增长(见表2-5)。

表2-5　2015—2018年我国各省份智能制造试点示范项目数量

省份	2015年	2016年	2017年	2018年	总计
安徽	1	2	9	7	19
北京	4	3	3	4	14
重庆	1	0	1	1	3
福建	0	5	6	4	15
甘肃	0	0	2	2	4
广东	5	6	9	5	25
广西	1	1	1	0	3
贵州	1	2	0	4	7
海南	1	0	0	0	1

（续表）

省份	2015 年	2016 年	2017 年	2018 年	总计
河北	0	2	4	5	11
河南	0	1	5	3	9
黑龙江	0	1	1	0	2
湖北	1	4	2	5	12
湖南	2	1	6	7	16
吉林	0	0	1	0	1
江苏	2	2	8	7	19
江西	2	2	4	3	11
辽宁	3	2	1	3	9
内蒙古	2	1	0	1	4
宁夏	1	1	0	1	3
青海	0	0	1	0	1
山东	8	7	8	11	34
山西	1	1	2	2	6
陕西	2	4	4	3	13
上海	3	4	4	2	13
四川	1	1	2	2	6
天津	0	1	0	1	2
西藏	0	0	0	1	1
新疆	2	4	1	4	11
云南	0	1	1	1	3
浙江	2	4	11	8	25

　　智能制造试点示范项目与新模式应用工作，不仅聚焦于新一代信息技术、高档数控机床和机器人、航空航天装备、海洋工程装备及高技术船舶、先进轨道交通装备、节能与新能源汽车、电力装备、农业装备、新材料、生物医药及高性能医疗器械十大重点领域，还涉及家电、食品饮料等其他行业（见图 2 - 1）。

　　自 2015 年以来，智能制造试点示范取得了良好成效，形成了一批具有行业特色的先进系统解决方案。在此基础上形成标准并加以推广应用，同时总结提炼地方和行业组织推进智能制造的优秀做法，通过交流合作，推进更多的区域和行业实现智能转型升级。连续组织实施智能制造试点示

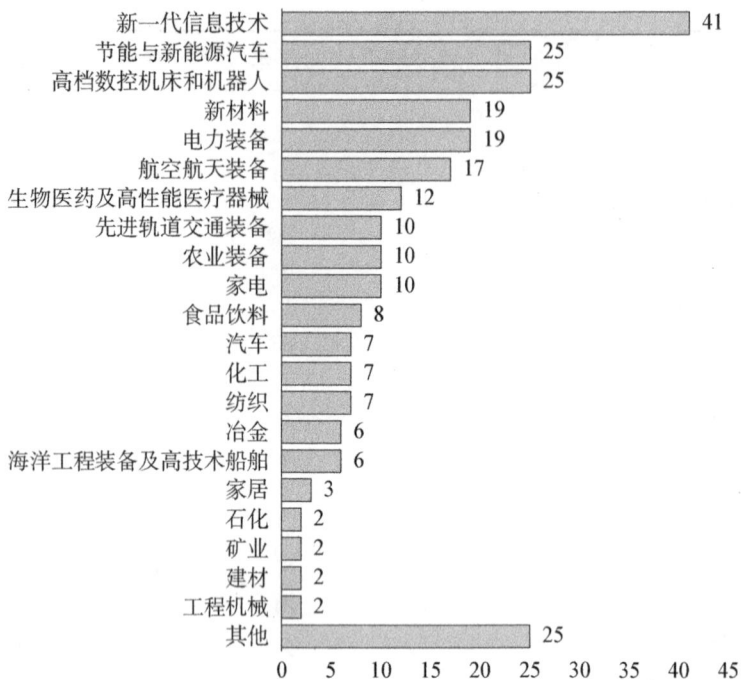

图 2‑1   2015—2017 年智能制造试点示范和新模式的领域行业分布

资料来源:《中国智能制造绿皮书(2017)》[21]。

范专项行动和智能制造专项,带动了各企业积极探索智能制造新模式,加快了信息通信技术向设计、生产、管理、服务等环节渗透,推动了智能制造装备、工业软件与企业生产工艺、管理流程的深度集成,形成了航空装备网络协同开发、重大技术装备领域远程运维服务、石化行业智能工厂、水泥行业财务业务一体化管控、服装行业个性化定制、乳制品行业全流程质量追溯、民爆行业本质安全生产等较成熟、可复制、可推广的智能制造新模式。

2.3.6   技术装备取得突破

工业和信息化部发布的《智能制造工程实施指南(2016—2020)》指出,在"十三五"期间,要在关键技术装备领域实现突破,在高档数控机床与工业机器人、增材制造装备、智能传感与控制装备、智能检测与装配装备、智能仓储与物流装备等智能制造关键技术方面取得积极进展。

在高档数控机床与工业机器人方面,国内已经掌握了数控系统、伺服电机及驱动等高档数控机床的核心技术,并实现了产业化发展。华中数控、广州数控、航天数控、大连光洋、沈阳高精 5 家数控系统企业研发了高档数控系统关键技术。作为制造业"工业母机"的数控机床技术将进一步向高速、高精度、高可靠性发展。而工业机器人方面,我国是增长最快也是最大的工业机器人需求市场。

在增材制造装备方面,我国在液态金属的喷墨打印、粉末床熔融和黏结剂喷射混合工艺的高速成型、选择性隔离烧结、连续液面生长、多射流熔融等增材制造新技术领域获得突破。上海电气集团股份有限公司、中广核集团、北京航空航天大学研究团队、华中科技大学研究团队等企业和科研机构在 3D 打印应用、激光成型技术等方面取得优质成果。

在智能传感与控制装备方面,汽车、消费电子、工业生产和医疗保健等各行业为智能传感和控制技术带来了巨大的需求,高性能光纤传感技术、视觉传感器、微机电系统传感器等智能传感器与控制装备取得进展。特别是随着集成技术的发展,传感器已经与控制和执行功能进一步结合,微机电系统将微型机构、微型传感器、微型执行器、信号处理和控制电路、通信模块和电源接口等集成于一体,成为智能感知的重要硬件基础。

在智能检测与装配装备方面,我国智能检验检测行业正在高速发展,在关键智能零部件的检测、智能装备系统软件检测以及"互联网 + 产品检测"等领域取得进展。清华大学的项目团队突破了跨阶段/跨主体的产品数据集成和使用控制、多主体/多维度协同业务过程知识表示与挖掘、大规模工况数据采集与低成本处理等关键技术难题,自主研制了跨设计制造与服务保障生命周期的复杂装备数据管理平台。

在智能仓储与物流装备方面,我国在成套智能物流体系、物流调度技术、企业智慧物流系统的应用方面取得成效。经过多年的高速发展,以菜鸟网络、京东、苏宁等为代表,我国智能云仓、仓配一体、精准配送等物流中心建设运营观念日渐成形,越来越多的企业拥有高效完整的供应链物流,为企业重塑全新的生产流程,提高行业附加值,协同行业间的产供销环节,打造完整的产业链系给出信息化、自动化、智能化的解决方案。

第3章
我国智能制造的相关政策

本章主要从制造强国、智能制造规划与标准体系、工业互联网发展计划、装备制造规划等方面对国家和省市层面的智能制造相关政策文件进行梳理。

3.1 制造强国战略

2015 年 5 月,我国部署全面推进实施制造强国的战略文件,是我国实施制造强国战略第一个十年的行动纲领。我国制造强国战略以促进制造业创新发展为主题,以提质增效为中心,以加快新一代信息技术与制造业深度融合为主线,以推进智能制造为主攻方向,以满足经济社会发展和国防建设对重大技术装备的需求为目标,强化工业基础能力,提高综合集成水平,完善多层次多类型人才培养体系,促进产业转型升级,培育有中国特色的制造文化,实现制造业由大变强的历史跨越。

要实现制造强国的战略目标,必须坚持问题导向,统筹谋划,突出重点,凝聚全社会共识,加快制造业转型升级,全面提高发展质量和核心竞争力;必须提高国家制造业创新能力,完善以企业为主体、市场为导向、政产学研用相结合的制造业创新体系,围绕产业链部署创新链,围绕创新链配置资源链,加强关键核心技术攻关,加速科技成果产业化,提高关键环节和重点领域的创新能力;必须推进信息化与工业化深度融合,加快推动新一代信息技术与制造技术融合发展,把智能制造作为两化深度融合的主攻方向；必须着力发展智能装备和智能产品，推进生产过程智能化，培育新型生产方式，全面提升企业研发、生产、管理和服务的智能化水平；必须强化核心基础零部件（元器件）、先进基础工艺、关键基础材料和产业技术基础等工业基础能力；必须加强质量品牌建设，提升质量控制技术，完善质量管理机制，夯实质量发展基础，优化质量发展环境，鼓励企业追求卓越品质，形成具有自主知识产权的名牌产品，不断提升企业品牌价值和中国制造整体形象；必须全面推行绿色制造，加大先进节能环保技术、工艺和装备的研发力度，加快制造业绿色改造升级，积极推行低碳化、循环化和集约化，提高制造业资源利用效率，强化产品全生命周期绿色管理，努力构建高效、清洁、低碳、循环的绿色制造体系；必须大力推动重点领域突破发展，瞄准新一代信息技术、高档数控机床和机器人、航空航天装备、海洋工程装备及高技术船舶、先进轨道交通装备、节能与新能源汽车、电力装备、新材料、生物医药及高性能医疗器械、农业机械装备十大领域；必须深入推进制造业结构调整，推动传统产业向中高端迈进，逐步化解过剩产能，促进大企业与中小企业协调发展，进一步优化制造业布局；必须积极发展服务型制造和生产性服务业，加快制造与服务的协同发展，推动商业模式创新和业态创新，促进生产型制造向服务型制造转变，大力发展与制造业紧密相关的生产型服务业，推动服务功能区和服务平台建设；必须提高制造业国际化发展水平，统筹利用两种资源、两个市场，实行更加积极的开放战略，将引进来与走出去更好结合，拓展新的开放领域和空间，提升国际合作的水平和层次，推动重点产业国际化布局，引导企业提高国际竞争力。

我国制造强国战略应以体现信息技术与制造技术深度融合的数字化、网络化、智能化制造为主线，大力推进智能制造工程。主要内容包括：紧密围绕重点制造领域关键环节，开展新一代信息技术与制造装备融合的集成创新和工程应用；支持政产学研用联合攻关，开发智能产品和自主可控的智能装置并实现产业化；依托优势企业，紧扣关键工序智能化、关键岗位机器人替代、生产过程智能优化控制、供应链优化，建设重点领域智能工厂/数字化车间；在基础条件好、需求迫切的重点地区、行业和企业中，分类实施流程制造、离散制造、智能装备和产品、新业态新模式、智能化管理、智能化服务等试点示范及应用推广；建立智能制造标准体系和信息安全保障系统,搭建智能制造网络系统平台。

3.2　智能制造规划与标准体系

2015 年 12 月,工业和信息化部、国家标准化管理委员会联合发布了《国家智能制造标准体系建设指南(2015 年版)》[22],指出,智能制造标准体系将在 5 年内建成并逐步完善,并按照"三步法"原则建设完成。第一步,通过研究各类智能制造应用系统,提取其共性抽象特征,构建由生命周期、系统层级和智能功能组成的三维智能制造系统架构,从而界定智能制造标准化的内涵和外延,识别智能制造现有和缺失的标准,认知现有标准间的交叉重叠关系。第二步,在深入分析标准化需求的基础上,综合智能制造系统架构各维度逻辑关系,将智能制造系统架构的生命周期维度和系统层级维度组成的平面自上而下依次映射到智能功能维度的五个层级,形成智能装备、智能工厂、智能服务、工业软件和大数据、工业互联网五类关键技术标准,与基础共性标准和重点行业标准共同构成智能制造标准体系结构。第三步,对智能制造标准体系结构分解细化,进而建立智能制造标准体系框架,指导智能制造标准体系建设及相关标准立项工作。

2016 年 4 月,工业和信息化部组织开展智能制造试点示范专项行动,印发了《智能制造试点示范 2016 专项行动实施方案》,指出在符合两化融合管理体系标准的企业中,在有条件、有基础的重点地区和行业,特别是新型工业化产业示范基地中,遴选 60 个以上智能制造试点示范项目。在石化化工、钢铁、建材、机械、航空、家用电器、家居、医疗设备、信息通信产品、数字视听产品等领域集成应用工业云计算、工业大数据、工业互联网标识解析等技术,重点建设离散型智能制造试点示范、流程型智能制造试点示范、网络协同制造试点示范、大规模个性化定制试点示范以及远程运维服务试点示范等[23]。

2016 年 8 月,工业和信息化部发布《智能制造工程实施指南(2016—2020)》,旨在牢固树立创新、协调、绿色、开放、共享的新发展理念,以构建新型制造体系为目标,以推动制造业数字化、网络化、智能化发展为主线,坚持"统筹规划、分类施策、需求牵引、问题导向、企业主体、协同创新、远近结合、重点突破"的原则,将制造业智能转型作为必须长期坚持的战略任务,分步骤持续推进[24],强调"十三五"期间同步实施数字化制造普及、智能化制造示范,重点聚焦"五三五十"重点任务,即攻克五类关键技术装备,夯实智能制造三大基础,培育推广五种智能制造新模式,推动十大重点领域智能制造成套装备集成应用,持续推动传统制造业智能转型,为构建我国制造业竞争新优势、建设制造强国奠定扎实的基础。

2016 年 12 月,为贯彻落实《中华人民共和国国民经济和社会发展第十三个五年规划纲要》《国务院关于深化制造业与互联网融合发展的指导意见》等文件,工业和信息化部、财政部联合制定了《智能制造发展规划(2016—2020 年)》,明确指出,分类分层指导,分行业、分步骤持续推进,"十三五"期间同步实施数字化制造普及、智能化制造示范引领,以构建新型制造体系为目标,以实施智能制造工程为重要抓手,着力提升关键技术装备安全可控能力,着力增强基础支撑能力,着力提升集成应用水平,着力探索培育新模式,着力营造良好发展环境,为培育经济增长新动能、打造我国制造业竞争新优势、建设制造强国奠定扎实的基础[25]。规划还指出,截至 2025 年,推进智能制造发展实施"两步走"战略:第一步,到 2020 年,智能制造发展基础和支撑能力明显增强,传统制造业重点领域基本实现数字化制造,有条件、有基础的重点产业智能转型取得明显进展;第二步,到 2025 年,智能制造支撑体系基本建立,重点产业初步实现智能转型。

2018 年 10 月,《国家智能制造标准体系建设指南(2018 年版)》正式发布,明确提出到 2018 年,累计制修订 150 项以上智能制造标准,基本覆盖基础共性标准和关键技术标准。到 2019 年,累计制修订 300 项以上智能制造标准,全面覆盖基础共性标准和关键技术标准,逐步建立起较为完善的智能制造标准体系。建设智能制造标准试验验证平台,提升公共服务能力,提高标准应用水平和国际化水平。该指南强调,要充分发挥标准在推进智能制造产业健康有序发展中的指导、规范、引领和保障作用,针对智能制造标准跨行业、跨领域、跨专业的特点,立足国内需求,兼顾国际体系,建立涵盖基础共性、关键技术和行业应用三类标准的国家智能制造标准体系,要加强标准的统筹规划与宏观指导,加快创新技术成果向标准转化,强化标准的实施与监督,深化智能制造标准国际交流与合作,提升标准对制造业的整体支撑作用,为产业高质量发展保驾护航。

此外,国家还专门针对人工智能技术的发展制定出台了相关文件,如《"互联网＋"人工智能三年行动实施方案》[26]《新一代人工智能规划》[27]《促进新一代人工智能产业发展三年行动计划(2018—2020 年)》[28]等,主要内容及目标如表 3-1 所示。

表 3-1 人工智能国家级相关政策

发布时间	名称	主要内容及目标
2016 年 5 月	《"互联网＋"人工智能三年行动实施方案》	到 2018 年,打造人工智能基础资源与创新平台,人工智能产业体系、创新服务体系、标准化体系基本建立,基础核心技术有所突破,总体技术和产业发展与国际同步,应用及系统级技术局部领先;在重点领域培育若干全球领先的人工智能骨干企业,初步建成基础坚实、创新活跃、开放协作、绿色安全的人工智能产业生态,形成千亿级的人工智能市场应用规模
2017 年 7 月	《新一代人工智能规划》	到 2020 年,我国人工智能总体技术和应用与世界先进水平同步;到 2025 年,人工智能基础理论实现重大突破,部分技术与应用达到世界领先水平,人工智能成为带动我国产业升级和经济转型的主要动力;到 2030 年,人工智能理论、技术与应用总体达到世界领先水平,成为世界主要人工智能创新中心
2017 年 12 月	《促进新一代人工智能产业发展三年行动计划(2018—2020 年)》	到 2020 年,一系列人工智能标志性产品取得重要突破,在若干重点领域形成国际竞争优势,人工智能和实体经济融合进一步深化,产业发展环境进一步优化

各省份根据各自具体情况,先后出台了智能制造的相关发展规划,部分规划如表 3-2 所示。

表 3-2　智能制造地方级相关政策汇总

省市	时间	名称	主要内容及目标
江苏	2017 年 6 月	《江苏省"十三五"智能制造发展规划》	到 2020 年,全省智能制造水平明显提高,成为具有国际影响力、国内领先的智能制造先行区[29]
	2018 年 5 月	《江苏省新一代人工智能产业发展实施意见》	到 2020 年,人工智能产业技术创新显著,新产品新服务不断涌现,产业规模和总体竞争力处于国内第一方阵,成为全国人工智能产业创新发展的引领区和应用示范的先行区
	2018 年 6 月	《江苏省智能制造示范工厂建设三年行动计划(2018—2020 年)》	到 2020 年,以机械、汽车、电子等领域为重点,创建 50 家左右省级智能制造示范工厂,培育 100 家左右智能制造领军企业,形成一批智能制造标准
浙江	2017 年 5 月	《浙江省加快推进智能制造发展行动方案(2015—2017)》	培育发展智能制造产业,加快提升智能化水平,龙头企业引领作用凸显,建成一批具有国内先进水平的智能制造平台,力争把浙江省打造成为对接国家智能制造的示范区
	2017 年 12 月	《浙江省新一代人工智能发展规划》	到 2022 年,全省布局建设 5 个研发平台并推动成为国家级人工智能创新平台,集聚 1000 名高端研发人才、10000 名工程技术人才、100000 名高技能人才,成为全国重要的人工智能高层次人才创新创业的集聚地。形成人工智能核心产业规模 500 亿元以上,带动相关产业规模 5 000 亿元以上,为浙江人工智能产业领先全国打下基础[30]
	2018 年 2 月	《2017 年浙江省推进智能制造工作要点》	力争把浙江省打造成为全国智能制造应用的高地、核心技术的重要策源地以及系统解决方案的输出地,使智能制造成为引领全省经济增长的新动能,制造强省建设的主战场[31]
	2018 年 6 月	《浙江省智能制造发展行动计划（2018—2020)》	到 2020 年,全省智能制造基础建设明显增强,智能制造水平显著提升,两化深度融合,打造全国智能制造先行区[32]

（续表）

省市	时间	名称	主要内容及目标
上海	2015 年 11 月	《关于上海加快发展智能制造助推全球科技创新中心建设的实施意见》	到 2020 年,上海市智能制造体系在全国率先成形,初步形成适合智能制造发展的推广应用体系、高端产业体系、平台服务体系、标准支撑体系和人才服务体系,建设形成一批标志性智能制造示范工厂,培育扶持一批具有很强市场竞争力的系统集成、装备研制、软件开发与智能制造新模式应用等领域的骨干企业,争创一批国家级智能制造公共服务平台,有效提高生产效率和能源利用率,降低运营成本、产品研制周期和产品不良品率,力争把上海打造成为对接国家智能制造示范基地、对接全球科技创新中心的全球智能制造前沿阵地,参与全球智能制造的竞争与合作[33]
	2017 年 2 月	《关于上海创新智能制造应用模式和机制的实施意见》	到 2020 年,力争把上海打造成为全国智能制造应用的高地、核心技术的策源地以及系统解决方案的输出地[34]
	2017 年 10 月	《关于本市推动新一代人工智能发展的实施意见》	到 2020 年,人工智能对上海创新驱动发展、经济转型升级和社会精细化治理的引领带动效能显著提升,基本建成国家人工智能发展高地,成为全国领先的人工智能创新策源地、应用示范地、产业集聚地和人才高地,局部领域达到全球先进水平;到 2030 年,人工智能总体发展水平进入国际先进行列,初步建成具有全球影响力的人工智能发展高地,为迈向卓越的全球城市奠定坚实基础[35]
	2018 年 9 月	《关于加快推进上海人工智能高质量发展的实施办法》	围绕人才队伍、数据资源、技术创新、空间生态、资本力量五大发展要素推出 22 条具体举措
北京	2017 年 5 月	《"智造 100"工程实施方案》	组织实施智能制造应用示范项目,具体包括:数字化车间、智能工厂、京津冀联网智能制造;打造智能制造标杆企业
	2018 年 5 月	《北京市加快科技创新培育人工智能产业的指导意见》	到 2020 年,新一代人工智能总体技术和应用达到世界先进水平,部分关键技术达到世界领先水平,形成若干重大原创基础理论和前沿技术标志性成果;培育一批具

（续表）

省市	时间	名称	主要内容及目标
			有国际影响力的人工智能领军人才和创新团队，涌现一批特色创新型企业，创新生态体系基本建立，初步成为具有全球影响力的人工智能创新中心；人工智能对经济社会发展的支撑能力显著增强，成为本市新的重要经济增长点[36]
	2018 年 6 月	《北京人工智能产业发展白皮书（2018 年）》	总结了北京人工智能产业在政策、人才、创新、软件研发、专利等方面的优势，以及在原始创新、高端芯片等方面面临的挑战，并给出了大力发展核心技术、超前布局原始创新等 6 项策略
	2018 年 10 月	《北京市智能制造系统解决方案供应商推荐目录（2018）》	培育北京市优秀智能制造系统解决方案供应商，促进智能制造应用和产业发展，有效支撑北京市制造业智能化转型升级
	2019 年 3 月	《关于申报开发区 2019 年度智能制造试点示范企业的通知》	加快推进北京经济技术开发区及制造示范区建设工作，抓好开发区智能制造试点示范企业建设，推动开发区制造业向智能制造转型升级，形成可复制、可推广的智能制造经验与模式
天津	2018 年 5 月	《天津市关于加快推进智能科技产业发展的若干政策》	抢抓智能科技产业发展的重大战略机遇，加强政策引导和扶持，聚焦智能终端产品、传统产业智能化改造、智能化应用等智能科技重点领域，加大对互联网、云计算、大数据等"软产业"的支持力度，壮大智能科技产业，抢占发展制高点，推动天津实现高质量发展[37]
	2018 年 12 月	《天津市人工智能"七链"精准创新行动计划（2018—2020 年）》	到 2020 年，研制一批重大基础软硬件产品，研发 100 项关键共性技术及"杀手锏"产品、150 项重点新产品，3～5 个关键领域进入国家布局；培育人工智能科技领军企业 10 家，其中细分领域"国际化"品牌企业 5 家、"国内前三"企业 5 家；建设 2～3 家国家级或部委级创新平台。加快"人工智能＋"应用，推动人工智能与各行业融合发展，形成一批可推广可复制的应用示范模式，把天津初步打造成为中国人工智能创新中心、人工智能产业集群新高地、国家人工智能创新应用城市[38]

（续表）

省市	时间	名称	主要内容及目标
河北	2018 年 3 月	《河北省加快智能制造发展行动方案》	到 2020 年，全省形成较为完整的智能制造产业体系，智能制造水平、智能装备应用率明显提高。制造业重点领域企业数字化研发设计工具普及率达到 65%，关键工序数控化率达到 52%。智能装备产业主营业务收入达到 1000 亿元[39]
山东	2017 年 8 月	《山东省智能制造发展规划（2017—2022 年）》	到 2022 年，传统制造业重点领域基本实现数字化制造，有条件、基础好的重点产业和重点企业基本实现智能化转型[40]
	2018 年 10 月	《山东省新一代信息技术产业专项规划（2018—2022 年）》	大力推动大数据、云计算、工业互联网、高端软件、智能家居产业发展；以集成电路、新型显示、新一代信息通信等为着力点，重点实施"强芯""补面"等工程，集中力量突破新一代信息技术产业核心关键领域；把握新一代信息技术产业发展趋势，在人工智能、量子科技、虚拟现实和区块链等前沿领域，坚持超前布局、创新引领[41]
广东	2015 年 7 月	《广东省智能制造发展规划（2015—2025 年）》	到 2025 年，全省制造业综合实力、可持续发展能力显著增强，在全球产业链、价值链中的地位明显提升，全省建成全国智能制造发展示范引领区和具有国际竞争力的智能制造产业集聚区[42]
	2018 年 7 月	《广东省新一代人工智能发展规划》	到 2020 年，广东人工智能产业规模、技术创新能力和应用示范均处于国内领先水平；到 2025 年，广东人工智能基础理论取得重大突破，部分技术与应用研究达到世界先进水平，开放创新平台成为引领人工智能发展的标杆，有力支撑广东建设国家科技产业创新中心；到 2030 年，人工智能基础层、技术层和应用层实现全链条重大突破，总体创新能力处于国际先进水平，聚集一批高水平人才队伍和创新创业团队，人工智能产业发展进入全球价值链高端环节，人工智能产业成为引领国家科技产业创新中心和粤港澳大湾区建设的重要引擎[43]

3.3　工业互联网发展计划

工业互联网是互联网和新一代信息技术及工业系统全方位深度融合所形成的产业和应用生态。工业互联网作为实现海量工业数据感知、传输、集成与分析的载体,是实现制造业智能化发展的关键基础。"中国制造"与"互联网 + "行动计划均把工业互联网作为实现智能制造的关键支撑。

2015 年 8 月,《国务院关于积极推进"互联网 + "行动的指导意见》发布[44],指出"互联网 + "是把互联网的创新成果与经济社会各领域深度融合,推动技术进步、效率提升和组织变革,提升实体经济创新力和生产力,形成更广泛的以互联网为基础设施和创新要素的经济社会发展新形态。

2016 年 5 月,为进一步深化制造业与互联网融合发展,推进"互联网 + "行动,加快制造强国建设,国务院发布《关于深化制造业与互联网融合发展的指导意见》,以建设制造业与互联网融合"双创"平台为抓手,围绕制造业与互联网融合关键环节,积极培育新模式新业态,强化信息技术产业支撑,完善信息安全保障,夯实融合发展基础,营造融合发展新生态,充分释放"互联网 + "的力量,改造提升传统动能,培育新的经济增长点,发展新经济,加快推动中国制造提质增效升级,实现从工业大国向工业强国迈进[45]。

2017 年 11 月,《国务院关于深化"互联网 + 先进制造业"发展工业互联网的指导意见》发布[46],将我国工业互联网的发展分为三个阶段,最终实现我国工业互联网创新发展能力、技术产业体系以及融合应用等全面达到国际先进水平,综合实力进入世界前列。

2018 年 4 月,工业和信息化部发布《工业互联网 App 培育工程实施方案》[47],指出工业互联网 App(简称工业 App)是基于工业互联网,承载工业知识和经验,满足特定需求的工业应用软件,是工业技术软件化的重要成果。该方案还提出,到 2020 年,培育 30 万个面向特定行业、特定场景的工业 App,全面覆盖研发设计、生产制造、运营维护和经营管理等制造业关键业务环节的重点需求;突破一批工业技术软件化共性关键技术,构建工业 App 标准体系,培育出一批具有重要支撑意义的高价值、高质量工业 App,形成一批具有国际竞争力的工业 App 企业;工业 App 应用取得积极成效,创新应用企业关键业务环节工业技术软件化率达到 50%;工业 App 市场化流通、可持续发展能力初步形成,对繁荣工业互联网平台应用生态、促进工业提质增效和转型升级的支撑作用初步显现。

2018 年 5 月,工业和信息化部、财政部联合下发《2018 年工业转型升级资金工作指南》[48],旨在加快制造强国和网络强国建设,促进工业转型升级,重点对工业强基工程实施方案、绿色制造系统集成、工业互联网创新发展工程及智能制造综合标准化与新模式应用等进行资金支持。

2018 年 6 月,工业和信息化部发布《工业互联网发展行动计划(2018—2020 年)》,指出以全面支撑制造强国和网络强国建设为目标,着力建设先进网络基础设施,打造标识解析体系,发展工业互联网平台体系,同步提升安全保障能力,突破核心技术,促进行业应用,初步形成有力支撑先进制造业发展的工业互联网体系,筑牢实体经济和数字经济发展基础,到 2020 年底初步建成工业互联网基础设施和产业体系。

此外,在大数据与云计算发展规划方面,国家也先后出台了一些文件,如表 3-3 所示。

表 3-3　大数据与云计算相关政策简介

发布时间	名称	主要内容及目标
2015 年 1 月	《关于促进云计算创新发展培育信息产业新业态的意见》	到 2020 年,云计算成为我国信息化重要形态和建设网络强国的重要支撑,并提出一系列促进云计算创新发展举措和保障措施
2015 年 8 月	《促进大数据发展行动纲要》	打造精准治理、多方协作的社会治理新模式;建立运行平稳、安全高效的经济运行新机制;构建以人为本、惠及全民的民生服务新体系;开启"大众创业、万众创新"的创新驱动新格局;培育高端智能、新兴繁荣的产业发展新生态
2015 年 10 月	《云计算综合标准化体系建设指南》	构建云计算综合标准化体系框架,包括"云基础""云资源""云服务"和"云安全"4 个部分

（续表）

发布时间	名称	主要内容及目标
2016 年 12 月	《大数据产业发展规划（2016—2020 年）》	到 2020 年,技术先进、应用繁荣、保障有力的大数据产业体系基本形成。大数据相关产品和服务业务收入突破 1 万亿元,年均复合增长率保持在 30％左右,加快建设数据强国,为实现制造强国和网络强国提供强大的产业支撑[49]
2017 年 4 月	《云计算发展三年行动计划(2017—2019 年)》	到 2019 年,我国云计算产业规模达到 4 300 亿元,突破一批核心关键技术,云计算服务能力达到国际先进水平,对新一代信息产业发展的带动效应显著增强[50]
2018 年 7 月	《推动企业上云实施指南（2018—2020 年)》	2020 年全国新增上云企业 100 万家

各省市结合实际情况,相继发布推行了一系列促进工业互联网发展的政策文件,部分见表 3 - 4。

表 3 - 4　工业互联网地方级相关政策汇总

省份	时间	政策文件	政策目标
浙江	2016 年 2 月	《浙江省促进大数据发展实施计划》	到 2017 年底,初步形成全省统一、共建共享的政府数据基础设施平台;到 2020 年底,适应大数据发展需要的地方性法规和政策体系、标准规范基本完善,政府数据管理体制机制基本健全,各级政府数据实现集中管理,政府数据依法依规全面共享和开放
	2017 年 4 月	《浙江省"企业云上"行动计划(2017)》	云计算技术、产业、应用和服务体系及产业生态初步建立,"企业上云"意识和积极性明显提高,"企业上云"比例和应用深度在国内处于领先水平,形成一批国内一流的云计算领域的服务商,全国云计算产业中心建设取得明显进展。计划全省新增上云企业 10 万家,培育国内领先的云平台服务商 3～5 家、行业云应用平台 10 个、云应用服务商 100 家,形成典型标杆应用案例 100 个

（续表）

省份	时间	政策文件	政策目标
	2017年5月	《浙江省人民政府关于深化制造业与互联网融合发展的实施意见》	到2018年底，面向工业应用的信息基础设施不断完善，制造业数字化、网络化、智能化取得明显进展，基于互联网的新技术、新产品、新模式、新业态快速发展，开放式生产和组织体系逐步建立，制造业新生态基本形成；到2025年，新一代网络信息技术深度融入制造业全过程、全产业链和产品全生命周期，制造业与互联网融合发展的产业支撑体系基本健全，融合发展新模式广泛普及，新型制造体系基本形成，制造业与互联网融合发展水平位居全国前列，制造业综合竞争实力达到全国一流水平[51]
	2018年9月	《关于加快发展工业互联网促进制造业高质量发展的实施意见》	到2020年，培育形成1个具有国际水准的基础性工业互联网平台和10个以上国内领先的行业级工业互联网平台
上海	2016年9月	《上海市大数据发展实施意见》	到2020年，基本形成数据观念意识强、数据采集汇聚能力大、共享开放程度高、分析挖掘应用广的大数据发展格局，大数据对创新社会治理、推动经济转型升级、提升科技创新能力作用显著
	2017年1月	《关于本市加快制造业与互联网融合创新发展的实施意见》	到2020年，上海制造业与互联网融合进一步深化，互联网"双创"成为制造业转型发展的新引擎，新模式、新业态成为经济发展新动能，跨界融合的制造业新生态初步形成，制造业数字化、网络化、智能化水平明显提升，两化融合发展综合水平指数保持国内领先水平。重点打造10个具有较为完善支撑服务体系的制造业互联网"双创"平台，重点行业装备数控化率和工业云使用普及率分别达到60%和65%，规模以上工业企业关键工序网络化率和电子商务应用比例分别达到70%和85%，企业信息化投入占主营业务收入比重达到0.5%，处于集成提升和创新突破阶段的企业比例不低于50%，重点企业互联互通、大数据运用、跨企业协同和组织创新等互联网化水平显著提升[52]

（续表）

省份	时间	政策文件	政策目标
	2017 年 1 月	《上海市工业互联网创新发展应用三年行动计划（2017—2019 年）》	到 2019 年，上海工业互联网发展生态体系初步形成，全市基于互联互通的智能制造能力、基于数据驱动的创新发展能力以及基于组织创新的资源动态配置能力实现总体提升，力争成为国家级工业互联网创新示范城市。到 2019 年，打造 30 个工业互联网标杆工厂，培育 300 个创新发展应用项目，全市范围内建设 3～5 个实践示范基地、10 个功能型平台（标准、试验验证、人才培训及安全检测等），涌现出 20 家以上具有一定国际竞争力、能够提供自主、安全、可控的系统集成与解决方案的服务商[53]
	2017 年 3 月	《上海市工业互联网创新发展专项支持实施细则》	确保专项支持资金的使用符合国家和上海市工业互联网的政策规定和导向要求
	2018 年 7 月	《上海市工业互联网产业创新工程实施方案》	到 2020 年，通过实施上海工业联网"533"创新工程，全力争创国家级工业互联网创新示范城市，并带动长三角世界级先进制造业集群发展[54]
	2018 年 7 月	《上海市工业互联网产业创新发展专项支持实施细则》	围绕"网络、平台、安全、生态、合作"五大体系构建，在支持范围上，体现了工作重点由应用向平台等功能体系整体打造的阶段性转变，主要包括工业互联网平台体系、载体建设、支撑体系、创新应用四大方向，涵盖了平台建设和推广、标杆园区、标识解析、服务能力、工业软件和工业 App、工业信息安全、创新应用等具体内容[55]
	2018 年 11 月	《上海市推进企业上云行动计划（2018—2020 年）》	到 2020 年，构建全面支撑企业研发、生产、流通、运营、管理各项业务的云计算技术服务能力，新增 10 万家上云企业，全面提升企业信息化水平，形成产业发展和企业应用相互促进的互动格局

（续表）

省份	时间	政策文件	政策目标
北京	2016 年 8 月	《北京市大数据和云计算发展行动计划》	到 2020 年,北京市将基本建成大数据和云计算创新发展体系,成为全国大数据和云计算创新中心、应用中心和产业高地。将立足京津冀各自特色和比较优势,推动数据中心整合利用,创建京津冀大数据综合试验区。深化京津冀大数据产业对外开放,深入开展大数据国际交流与合作
	2017 年 8 月	《北京市推进两化深度融合 推动制造业与互联网融合发展行动计划》	到 2020 年,以信息化改造提升传统产业、培育发展新动能的工作格局基本形成,重点行业骨干企业两化融合发展水平显著提高,制造业与互联网融合进一步深化,制造业创新发展的"双创"体系更加健全,支撑融合发展的基础设施和产业生态日趋完善,制造业数字化、网络化、智能化取得明显进展,产业融合创新催生的新业态成为北京经济增长的新引擎,成为辐射引领京津冀协同乃至全国产业升级的新典范[56]
	2018 年 11 月	《北京工业互联网发展行动计划（2018—2020 年)》	到 2020 年,北京市推进工业互联网创新发展实现"535"总体部署。5 个目标为:推动规模以上工业企业产线和业务系统上云上平台;建成工业互联网标识解析国家顶级(北京)节点和 20 个以上行业标识解析二级节点;重点工业骨干企业创新应用工业技术软件化率达到 50%;创建具有国际竞争力的跨行业跨领域工业互联网平台;打造以北京为中心,辐射津冀两地、服务全国的工业互联网创新应用示范基地
天津	2018 年 4 月	《关于深化"互联网＋先进制造业"发展工业互联网的实施意见》	构建工业互联网网络、平台、安全三大功能体系,增强工业互联网产业供给能力;促进行业应用,强化安全保障,培育龙头企业,加快人才培养,稳步提升天津市工业互联网发展水平。推动形成工业互联网产业生态,促进"大众创业、万众创新"和大中小企业融通发展,助力全国先进制造研发基地高水平建设[57]

（续表）

省份	时间	政策文件	政策目标
	2018 年 9 月	《天津市工业互联网发展行动计划（2018—2020年）》	围绕工业互联网网络、平台、安全三大重点领域，从着力建设先进网络基础设施、建平台与用平台融合发展、同步提升安全保障能力、促进行业应用示范、构建产业发展环境与生态五个方向持续发力，逐步形成支撑全国先进制造研发基地建设的工业互联网体系
	2018 年 12 月	《天津市促进大数据发展应用条例》	发挥大数据促进经济发展、服务改善民生、完善社会治理的作用
河北	2018 年 3 月	《河北省大数据产业创新发展三年行动计划（2018—2020 年）》	京津冀大数据综合试验区初步建成；产业创新能力显著增强；产业规模不断扩大；创新示范应用取得明显成效
	2018 年 4 月	《关于推动互联网与先进制造业深度融合加快发展工业互联的实施意见》	到 2020 年，培育各级各类工业互联网平台 130 个，实现 10 000 家企业上云，完成 100 个"互联网＋先进制造业"试点示范项目，工业互联网相关产业主营业务收入达到 4 000 亿元，全省两化融合指数达到 88
辽宁	2016 年 11 月	《辽宁省深化制造业与互联网融合发展的实施方案》	到 2018 年底，互联网"双创"平台以及制造业"双创"平台取得明显进展；到 2025 年，制造业与互联网融合发展迈上新台阶，融合"双创"体系基本形成
	2016 年 5 月	《辽宁省工业互联网发展行动计划（2016—2020年）》	到 2020 年，辽宁省智能制造水平明显提升；形成工业互联网融合创新试点示范，形成各具特色的示范产业集群；完善基础设施建设
山东	2016 年 6 月	《山东省"互联网＋"行动计划（2016—2018 年）》	到 2018 年，山东省"互联网＋"发展环境更加优化，与经济社会融合发展更加深化，新产品、新模式、新业态不断涌现，驱动经济社会发展新动力不断增强[58]
	2017 年 5 月	《关于促进大数据发展的实施意见》	到 2018 年，基本形成多方参与、协调融合的大数据发展氛围；到 2020 年，规范有序的大数据发展环境基本形成，城市计算和数据处理能力位居全国前列

（续表）

省份	时间	政策文件	政策目标
	2017 年 10 月	《山东省实行"云服务券"财政补贴助推"企业上云"实施方案（2017—2020 年）》	力争到"十三五"末,"企业上云"数量和应用深度大幅增加,全省上云企业达到 20 万家,"企业上云"的信息化投入每年超过 30 亿元,节约信息化建设成本每年超过 60 亿元。培育和引进一批国内领先的云计算服务商,形成"企业上云"的技术支撑和服务保障,其中培育国内领先的综合云平台服务商 5 家、行业云平台服务商 50 家、云应用服务商 200 家,搭建省级体验中心 30 个
广东	2012 年 8 月	《关于加快推进我省云计算发展的意见》	到 2015 年,初步形成应用广泛、服务全面、产业链健全、基础设施完善的云计算发展格局,云计算成为创新发展和转型升级的重要平台[59]
	2016 年 4 月	《广东省促进大数据发展行动计划（2016—2020 年）》	用 5 年左右的时间,打造全国数据应用先导区和大数据创业创新集聚区,抢占数据产业发展高地,建成具有国际竞争力的国家大数据综合试验区[60]
	2018 年 3 月	《广东省深化"互联网＋先进制造业"发展工业互联网的实施方案》	到 2020 年,在全国率先建成完善的工业互联网网络基础设施和产业体系。率先发展、领先发展,争当全国示范;到 2025 年,在全国率先建成具备国际竞争力的工业互联网网络基础设施和产业体系[61]
	2018 年 3 月	《广东省支持企业"上云上平台"加快发展工业互联网的若干扶持政策（2018—2020 年）》	计划未来 3 年带动 1 万家工业企业"上云",推动 20 万家中小企业实现数字化的改造,打造工业互联网的全国示范基地
	2018 年 4 月	《广东省数字经济发展规划（2018—2025 年）征求意见稿》	到 2020 年,基本形成以大数据、新一代信息技术产业、制造业数字化、服务业数字化、融合新业态新模式为核心的数字经济发展格局;到 2025 年,数字经济进入全面扩展期,整体发展水平进入世界先进行列
江苏	2018 年 3 月	《江苏省"企业上云"工作指南》	2018—2020 年,江苏省经信委建立"企业上云"综合奖补政策,搭建"企业上云"线上服务平台,对"上云"企业实施

（续表）

省份	时间	政策文件	政策目标
			云服务券奖补；全省经信系统将分年度组织星级"上云"企业评定工作。三星、四星级"上云"企业予以优先获得云服务券奖补，五星级"上云"企业项目予以一定比例的资金支持；鼓励各地经信委和云服务商制定实施"企业上云"配套支持政策[62]
	2018 年 4 月	《关于组织构建江苏省工业互联网服务资源池的通知》	为江苏省制造业数字化、网络化、智能化转型升级提供硬件、软件等服务，共同推进江苏省工业互联网创新发展
湖北	2018 年 4 月	《湖北省工业互联网发展工作计划（2018—2020 年）》	到 2020 年底，基本完成面向先进制造业的低时延、高可靠、广覆盖的工业互联网基础设施和配套管理能力建设；围绕工业互联网标识解析节点，培育工业互联网标识解析产业生态；工业互联网覆盖所有千亿级行业，建设 20 个在全国具有一定影响力的行业级工业互联网平台，培育 2～3 个全国一流的工业互联网平台，形成湖北省工业云（平台）体系；带动 3 万家以上企业接入湖北工业云（平台），促进大中小企业融通发展；形成 1～2 个国家级工业互联网产业示范基地；建立与工业互联网发展相适应的安全保障体系

3.4　装备制造业规划

装备制造业是制造业的核心和支柱，是社会经济发展的基础性产业，是各行业产业升级、技术进步的基础条件。高度发达的装备制造业是实现工业智能化的必要条件，也是一个国家的技术水平和综合国力的集中体现。2006 年，国务院颁布《国家中长期科学和技术发展规划纲要（2006—2020 年）》[63]，将高档数控机床和基础制造技术列为 16 个重点专项之一。

2011 年,国务院颁布《机床工具行业"十二五"发展规划》,计划在未来
10～15 年我国实现由机床工具生产大国向机床工具强国转变。此后国家
颁布了《高端装备制造业"十二五"发展规划》[64]《智能制造装备产业"十二
五"发展规划》[65]《关于推进工业机器人产业发展的指导意见》[66]《机器人
产业发展规划(2016—2020 年)》[67]和《装备制造业标准化和质量提升规
划》[68]等一系列产业政策支持智能制造装备行业的发展(见表 3-5)。

表 3-5　智能装备国家级相关政策汇总

发布时间	政策文件	政策内容
2006 年 2 月	《国家中长期科学和技术发展规划纲要(2006—2020 年)》	将高档数控机床和基础制造技术列为 16 个重点专项之一
2011 年 7 月	《机床工具行业"十二五"发展规划》	未来 10～15 年我国实现由机床工具生产大国向机床工具强国转变,国产中高档数控机床在国内市场占有主导地位。发展技术含量高、经济附加值高的产品,加快产品升级换代,加强中高档数控机床及成套、成线装备研发和产业化,提高国产数控机床市场占有率
2012 年 5 月	《高端装备制造业"十二五"发展规划》	力争通过 10 年的努力,形成完整的高端装备制造产业体系,基本掌握高端装备制造业的关键核心技术,产业竞争力进入世界先进行列。到 2020 年,高端装备制造产业销售收入在装备制造业中的占比提高到 25%,工业增加值率较"十二五"末提高 2 个百分点,将高端装备制造业培育成为国民经济的支柱产业
2012 年 5 月	《智能制造装备产业"十二五"发展规划》	经过 10 年的努力,形成完整的智能制造装备产业体系,总体技术水平迈入国际先进行列,部分产品取得原始创新突破,基本满足国民经济重点领域和国防建设的需求
2013 年 12 月	《关于推进工业机器人产业发展的指导意见》	到 2020 年,形成较为完善的工业机器人产业体系,培育 3～5 家具有国际竞争力的龙头企业和 8～10 个配套产业集群;工业机器人行业和企业的技术创新能力和国际竞争能力明显增强,高端产品市场占有率提高到 45%,机器人密度(每万名员工使用机器人台数)达到 100 以上,基本满足国防建设、国民经济和社会发展需要

（续表）

发布时间	政策文件	政策内容
2016 年 3 月	《机器人产业发展规划(2016—2020 年)》	形成较为完善的机器人产业体系
2016 年 8 月	《装备制造业标准化和质量提升规划》	产品产业迈向中高端,建设制造强国、质量强国

随着国家政策对高端装备制造产业的大力扶持,地方政府主动适应新常态,制定并实施相关具体政策来促进高端装备制造产业的发展(见表 3-6)。

表 3-6　智能装备地方级相关政策汇总

省市	时间	政策文件	政策目标
浙江	2010 年 5 月	《浙江省装备制造业"十三五"发展规划》	以建设大平台、大产业、大项目、大企业为重点,突出培育行业龙头骨干企业和发展特色优势产业集群,进一步完善政策环境,加强产业导向,做大做强高端装备制造业。实施重大技术装备自主创新能力提升、装备制造业标准化与质量控制提升以及装备制造业信息化整体提升三大工程,构建技术创新、行业支撑、产业配套、品牌服务和要素保障五大体系,努力打造成为具有国际竞争力的高端装备制造产业基地
	2015 年 3 月	《浙江省高端装备制造业发展重点领域（2015年)》	聚焦清洁高效发电设备,超、特高压、智能电网输变电(成套)设备及关键部件,大型石化及煤化工成套设备,先进交通装备及关键零部件等 16 大主要领域
	2016 年 8 月	《浙江省高端装备制造业发展重点领域（2016年)》	在原有 16 个领域的基础上,增加了高端装备核心材料领域
	2017 年 10 月	《浙江省高端装备制造业发展重点领域（2017年)》	继续保持了以往的 17 个重点领域

（续表）

省市	时间	政策文件	政策目标
上海	2017年2月	《上海促进高端装备制造业发展"十三五"规划》	到2020年,产业保持平稳增长;创新突破能力显著增强;智能转型明显提速,装备智能化程度显著提高
江苏	2017年5月	《江苏省装备制造业"十三五"发展规划》	到2020年,全省智能制造水平明显提高,智能装备应用率、全员劳动生产率、资源能源利用效率显著提高,企业安全生产、节能减排水平大幅提升,形成比较完整的智能制造装备产业体系,部分关键技术与部件取得创新突破,工业软件支撑能力明显增强,智能制造新模式不断完善,成为具有国际影响力、国内领先的智能制造先行区[69]
北京	2017年12月	《北京市加快科技创新发展智能装备产业的指导意见》	到2020年,智能装备产业技术创新能力和产业综合实力显著增强,掌握一批国际前沿核心技术和先进工艺,部分关键技术和装备实现突破,智能机器人、增材制造、智能制造解决方案等领域建成5~7家产业创新中心和产业公共平台,工业机器人系统集成、协作机器人、自动化控制系统、智能仪器仪表等领域培育一批单项冠军示范企业,智能制造等领域形成10家左右具有一定规模的系统解决方案供应商,打造全国高端装备产业创新示范区和系统解决方案策源地[70]
天津	2012年1月	《天津市装备制造业发展"十二五"规划》	到2015年,建设5个超千亿元级装备制造业基地和17个特色产业集群,形成"五基地、多集群"的装备制造业发展格局
河北	2015年12月	《河北省先进装备制造产业"十三五"发展规划（2016—2020年）》	到2020年,建成以创新引领、智能高效、绿色低碳、结构优化为核心特征的先进装备制造业体系,装备制造业成为全省第一主导产业,主要指标达到国内先进水平。突破一批关键核心技术,形成一批在国内有竞争力的主导产业,装备制造业的智能化水平显著提高[71]

（续表）

省市	时间	政策文件	政策目标
辽宁	2011 年 11 月	《辽宁省促进装备制造业发展规定》	我国第一部装备制造业立法，标志着辽宁省政府把装备制造业发展纳入法制化轨道，将对加快装备制造业向高端化发展、建设先进装备制造业基地发挥极大促进作用
	2019 年 1 月	《辽宁省建设具有国际竞争力的先进装备制造业基地工程实施方案》	到 2020 年，装备制造业主营业务收入突破 8000 亿元，年均增速达 9%，先进装备制造业占比达到 60%；产业智能化水平明显提高，数字化研发设计工具普及率达到 75%，关键工序数控化率达 51%；自主创新能力进一步提升，力争突破 50 项关键核心技术，开发 30 项在全国具有影响力的重大首台（套）装备，争取创建 5 个以上国家级研发平台；形成以沈阳、大连高端装备为中心，其他地区"专精特新"装备为配套的先进装备制造业产业发展格局。到 2030 年，装备制造业自主创新能力达到国际先进水平，智能制造、服务型制造、绿色制造处于全国前列，先进装备制造业现代化产业体系进一步完善，国际化经营能力显著增强，在全球产业分工和价值链中的地位明显提升，建成具有国际竞争力的先进装备制造业基地[72]
山东	2018 年 10 月	《山东省高端装备制造业发展规划（2018—2025年）》	到 2025 年，形成以新技术、新产品、新业态、新模式主导发展的现代产业体系，打造一批代表中国高端装备形象和水平的企业、产品及品牌，建成全国一流、世界知名的高端装备制造基地，成为现代装备制造业强国的重要支柱[73]
	2018 年 12 月	《山东省装备制造业转型升级实施方案》	到 2022 年，全省装备制造业形成以新技术、新产品、新业态、新模式主导发展的现代产业体系，形成一批产业规模大、核心竞争力强、配套供给优、支撑体系全、有较强影响力的产业集群，成为制造业强省建设的重要支撑[74]

（续表）

省市	时间	政策文件	政策目标
广东	2014 年 10 月	《广东省人民政府办公厅关于加快先进装备制造业发展的意见》	重点发展智能制造装备、海洋工程装备、轨道交通装备、节能环保装备、新能源装备、汽车制造、航空制造、卫星及应用等,重点支持重大成套装备、通用和专用设备及核心部件、基础零部件和原材料的研发制造及应用,引进具有自主知识产权和专利技术的先进装备制造企业,促进先进制造技术与信息技术深度融合,推动装备制造业智能化、绿色化发展。到 2018 年建设成国内领先、具有国际竞争力的先进装备制造产业基地[75]
湖北	2017 年 11 月	《湖北省智能制造装备"十三五"发展规划》	全省智能制造装备形成较完备的产业体系,主营业务收入达到 2 000 亿元,年均递增 19%。加快智能制造先行区建设,打造全国智能制造发展高地,基本建成在全国具有重要影响的智能制造装备产业基地

第4章
区域智能制造发展评价的理论研究

本章从智能制造能力、智能制造成熟度、装备制造业、工业互联网、云制造服务平台等方面对区域智能制造发展评价的相关研究成果进行综述分析,为区域智能制造先行度的评价体系提供可选指标。

4.1 智能制造能力评价研究

国内学者从企业和区域两个视角对智能制造的能力与水平评价进行了研究。

在企业视角上,尹峰[76]认为应从生产线、车间、企业、企业协同四个层级,从柔性生产、数据采集、人机交互、机器间通信、数据处理、通信网络、信息集成、物流与仓储管理、智能决策支持、基于模型的系统工程、企业内纵向集成、跨企业资源共享、全价值链的关键制造环节协同优化等方面构建企业智能制造评价指标体系。易伟明等[77]指出企业智能制造系统是包含生命周期、智能功能、系统层级三个维度的立体系统。其中,生命周期维度对应制造过程,包括设计、生产、物流、销售、服务等主要的活动环节;系统层级维度在制造系统构架上由下而上地分为设备、控制、车间、企业和协同五个层次,体现装备智能化;智能功能维度包括资源要素、系统集成、互联互通、信息融合和新兴业态五个方面。韩以伦、徐新新[78]认为可以从智能制造建设水平、智能制造基础设施、智能制造企业协同、智能决策支持、智能制造效益五个方面对企业智能制造发展水平进行评价。关俊涛等[79]

指出企业智能制造评价框架包括基础环境、运营现状和实施效果三个部分。其中,基础环境是指企业战略、组织、人员、投入、资产和产品等基础环境建设情况;运营现状包括企业横向集成、纵向集成、端到端集成、工厂全生命周期集成和新模式应用等情况;实施效果是企业通过实施智能制造所达到的效益与效果,包括经济效益、社会效益、环境效益和企业竞争力等。

在区域视角上,董志学、刘英骥[80]认为应从企业经营绩效水平、企业创新能力、产品流通能力、信息化服务水平四个方面,智能制造企业利润总额占区域 GDP 比重、拥有研发人员数量、增加新产品项目数、新产品销售收入占本省工业增加值比重、专利申请数、拥有等级公路里程、拥有高速公路里程、软件企业服务的数量、集成电路设计收入等具体指标构建区域制造能力评价体系。邵坤、温艳[81]认为应从创新能力、绩效产出能力、基础设施三个方面,专利申请数、有效发明专利数、发明专利申请数、规模以上工业企业单位数、主营业务收入、嵌入式系统软件开发项目数、智能装备销售收入、域名数、互联网宽带接入端口、铁路营业里程、等级公路里程等具体指标来评价区域智能制造能力。徐雪等[82]认为应从产品创新能力、信息化服务水平、产品流通水平三个方面,以及研发人员数量、申请专利数、企业年均信息化智能化投入、年研发费用投入、产品创新研发新产品年产值等 20 余项具体指标来构建智能制造发展水平评价体系。郑志强[83]指出应从绩效产出水平、信息化水平、创新水平、产品流通能力四个方面,工业企业利润总额、规模以上工业企业主营业务收入、规模以上工业企业数量、高新技术企业数量、专利申请数、研发人员、研发经费支出、软件业务收入、信息技术服务收入、嵌入式系统软件收入、软件企业数量、公路货运量、铁路货运量、等级公路里程、铁路营业长度等具体指标来衡量各地的智能制造能力。毛友芳[84]指出应从规模竞争力水平、研发投入能力、新产品开发能力、技术改造能力 4 个一级指标,企业单位数、资产总计、企业从业人员年平均数、存货、主营业务收入、主营业务成本、销售费用、利润总额、有研发活动的企业数、研发人员折合全时当量、产品开发经费支出、新产品销售收入、引进技术经费支出、购买境内技术经费支出、技术改造经费支出、有效发明专利数等二级指标来构建区域智能制造竞争力评价指标体系。

4.2　智能制造成熟度评价研究

2016 年 9 月,中国电子技术标准化研究院发布《智能制造能力成熟度模型白皮书(1.0 版)》[85],旨在为我国企业实施智能制造提供指导,帮助企业认清自身所处的发展阶段,根据能力成熟度模型进行自我评估与诊断,进而有针对性地提升和改进智能制造能力。

智能制造能力成熟度模型在研究参考智能电网能力成熟度模型、工业 4.0 就绪度模型、制造成熟度模型以及软件能力成熟度模型等成熟度理论和方法的基础上,借鉴了《国家智能制造标准体系建设指南》中提出的智能制造系统架构以及智能制造试点示范要素条件等相关内容,综合考虑我国制造业发展现状以及企业开展智能制造的实践与经验,对智能制造的核心特征和要素进行提炼总结,最终归纳出"智能 + 制造"两个维度,进一步分解为设计、生产、物流、销售、服务、资源要素、系统集成、互联互通、信息融合、新兴业态十大类核心能力以及 27 个细化域[86],如表 4-1 所示。

表 4-1　智能制造能力成熟度模型

维度	类	域
制造维	设计	产品设计 工艺设计 工艺优化
	生产	采购 计划与调度 生产作业 质量控制 仓储域配送 安全与环保
	物流	物流管理
	销售	销售管理
	服务	客户服务 产品服务

（续表）

维度	类	域
智能维	资源要素	战略与组织 雇员 设备 能源
	互联互通	网络环境 网络安全
	系统集成	应用集成 系统安全
	信息融合	数据融合 数据应用 数据安全
	新兴业态	个性化定制 远程运维 协同制造

资料来源：于秀明，王程安. 中德智能制造成熟度模型对比[J]. 信息技术与标准化，2016(7)：21-25.

智能制造能力成熟度模型中对相关域进行从低到高五个等级（规划级、规范级、集成级、优化级、引领级）的分级与要求，具体见表 4-2。

表 4-2　能力成熟度等级描述

等级	等级描述
规划级（1）	企业开始对智能制造进行规划和投资，在部分核心的制造环节已实现信息化
规范级（2）	核心业务重要环节实现了标准化和数字化，单一业务内部开始实现数据共享
集成级（3）	设计、生产、销售、物流和服务等核心业务间实现了集成，数据在工厂范围内可共享
优化级（4）	能够对数据进行挖掘，实现了对知识、模型等的应用，并能反馈优化核心业务流程，开始体现人工智能
引领级（5）	实现了预测、预警、自适应，通过与产业链上下游的横向集成，带动产业模式的创新

资料来源：于秀明，王程安. 中德智能制造成熟度模型对比[J]. 信息技术与标准化，2016(7)：21-25.

4.3 装备制造业评价研究

装备制造业是为国民经济各部门提供技术装备的制造业的总称,是国家经济发展的战略性产业。互联网、云计算和物联网的迅速扩张已对装备制造业的改进提升提供了巨大机遇,高端装备的智能化创新发展是未来制造业发展的大势所趋。智能制造装备是指在其基本功能以外具有附加智能功能的设备或装置,是先进制造技术、信息技术和智能技术的集成和深度融合,也是传统产业升级改造,实现生产过程自动化、智能化、精密化、绿色化的基本装备。发展智能制造装备产业对于加快制造业转型升级,提升生产效率、技术水平和产品质量,降低能源资源消耗,实现制造过程的智能化和绿色化发展具有重要意义。

根据装备制造业产业集聚和五大城市群分布特点的相关研究,典型观点是中国已初步形成五大装备制造业"热点"区域,分别是东北、环渤海、长三角、珠三角和中西部地区,各区域的布局如表 4-3 所示[87]。

表 4-3 五大装备制造业"热点"区域布局

区域	主要省市	代表领域
珠三角	广东	以通信设备、计算机产业为主
长三角	上海、江苏、浙江	以电子信息技术和智能制造领域为特色
环渤海	北京、天津、河北、山东	以航空、海洋工程装备为核心
东北	吉林、黑龙江、辽宁	以成套机床数控与金属冶炼为主
中西部	江西、湖南、湖北、山西、陕西、四川、重庆	以航空装备与轨道交通装备产业为代表

资料来源:童纪新,徐倩,李莹. 基于五大空间布局的装备制造业技术效率评价与测度[J].中国科技论坛,2019(4):84-92.

国内学者主要从技术创新能力、综合竞争力两个方面对装备制造行业发展评价进行了研究。

在技术创新能力方面,王章豹、孙陈[88]对装备制造业的技术创新能力进行评价研究,设计了由创新支撑保障能力、创新资源投入能力、技术成果转化能力、技术创新产出能力和技术创新环保能力五大模块共18个指标构成的技术创新能力评价指标体系;用主成分分析法建立评价模型,以装备制造业7个行业作为研究样本,对其技术创新能力进行了定量评价和实证分析。吴雷、陈伟[89]认为装备制造业技术创新能力是在企业内部分工协作的基础上,以创新产品和新工艺为目标对创新资源进行整合的能力,从创新投入能力、研发能力、产品营销能力、创新产出能力4个方面的11个具体指标,构建了装备制造业技术创新能力评价指标体系,对黑龙江省15家装备制造企业的技术创新能力进行了实证分析。任亚磊[90]构建了技术创新保障能力、创新资源投入能力、技术创新转化吸收能力、创新资源产出能力4个二级指标和16个三级指标,对浙江省的装备制造业技术创新能力进行评价。

在综合竞争力方面,周志春[91]从产业经济实力、产业经济效益、产业创新能力、产业持续能力4个方面构建了10个具体评价指标,对我国各省份装备制造业竞争力进行了定量分析。王惠清[92]对东部地区10个省市装备制造业的竞争力进行综合比较,通过分析装备制造业七大行业的11项主要经济指标,对江苏省装备制造业的国内竞争力进行了评价。王新安、尹纪洋[93]从规模竞争力、偿债营运能力、资源转化能力、创新能力、竞争环境5个方面,采用22个具有代表性的指标,对29个省市的装备制造业进行了比较,通过比较得出各行业在国内的竞争力排名。姚晓芳等[94]构建了3个二级指标、12个三级指标的装备制造业竞争力评价指标体系,对合肥市的装备制造业竞争力进行了评价。

综合上述关于装备制造业的技术创新能力和综合竞争力评价的相关研究,可得表4-4。

表4-4　区域制造装备评价指标群

一级指标	二级指标	三级指标
装备创新能力	创新支撑保障能力	科技活动人员数(万人) 企业科技机构数(家) 科技项目数(项) 微电子控制设备占生产经营用设备原价比重(%) 全员劳动生产率[元/(人·年)]

（续表）

一级指标	二级指标	三级指标
	创新资源投入能力	研发经费投入强度（%）
		研发人员占从业人员的比重（%）
		研发经费占产品销售收入的比重（%）
		科技活动经费占产品销售收入的比重（%）
		有科技部门的企业占全部企业的比重（%）
		开发新产品经费占产品销售收入的比重（%）
		创新机制激励性（定性）
		购买国内技术经费（万元）
		消化吸收经费（万元）
		技术引进经费（万元）
		技术改造经费（万元）
	创新转化能力	技术改造经费占产品销售收入的比重（%）
		新产品开发项目数占科技活动项目数的比重（%）
		万名从业人员拥有发明专利数（项）
	技术创新产出能力	新产品销售收入占产品销售收入的比重（%）
		新产品出口占新产品销售收入的比重（%）
		产品营销体系的适应度（定性）
	技术创新环保能力	万元产值综合能耗（吨标准煤）
		工业废水排放达标率（%）
		工业固体废物综合利用率（%）
装备竞争力	规模竞争力	工业增加值（亿元）
		工业总产值（亿元）
		人均总产值（亿元）
		企业单位数（家）
		有研发部门的工业企业占工业企业的比重（%）
		固定资产总额（亿元）
		出口交货值（亿元）
	市场竞争力	销售收入（亿元）
		利润总额（亿元）
		市场占有率（%）
		绝对市场份额（%）
		相对市场份额（%）
		经济外向度（%）

（续表）

一级指标	二级指标	三级指标
运营竞争力	流动资产周转率（%）	
	存货周转率（%）	
	资产负债率（%）	
	速动比率（%）	
	流动比率（%）	

4.4　工业互联网平台评价研究

　　工业互联网是实现智能制造的核心，是支撑智能制造的关键综合信息基础设施，是将机器、人、控制系统与信息系统有效连接的网络信息系统，通过对工业数据的全面深度感知、实时动态传输与高级建模分析，形成智能决策与控制，驱动制造业的智能化发展。工业互联网作为中国智能制造发展的重要支撑已经得到了国家的高度认可与重视，"十三五"规划、制造强国、"互联网＋"、深化制造业与互联网融合发展等重大战略都明确提出发展工业互联网。

　　建设和推广工业互联网平台是促进我国制造业提质增效和转型升级的重要抓手，也是全球新一轮产业竞争的制高点。为规范和促进我国工业互联网平台发展，支撑开展工业互联网平台评价与遴选，工业和信息化部颁布了《工业互联网平台评价方法》[95]。该评价方法包括平台基础共性能力要求、特定行业平台能力要求、特定领域平台能力要求、特定区域平台能力要求和跨行业跨领域平台能力要求5个部分。李君等[96]从平台基础保障、平台关键能力、平台价值效益3个维度的9个方面构建了工业互联网平台评价框架。

　　结合《工业互联网平台评价方法》和上述相关研究，可得区域工业互联网平台评价指标群，如表4-5所示。

表 4-5　区域工业互联网平台评价指标群

一级指标	二级指标	三级指标	备注
基础保障	平台资金	近 1 年以来,平台建设及运营资金投入金额(万元)	反映资金投入情况
		未来 3 年预计平台建设与运营资金投入金额(万元)	反映资金投入情况
		围绕平台建设运营,已投入资金(万元)	反映资金投入情况
	人才保障	从事工业互联网平台建设和运营的专职人员数量(名)	反映人才结构
		具备工业领域专业知识和技能的专职人员数量(名)	反映人才结构
		具备跨领域专业知识和技能的专职人员数量(名)	反映人才结构
		具备平台生态构建与价值推广技能的专职人员数量(名)	反映人才结构
		具备 ICT 专业知识和技能的专职人员数量(名)	反映人才结构
	安全机制	近 3 年信息安全事故的数量(起)	反映平台信息安全管理体系建设情况
关键能力	资源云化管理与调度	计算资源利用率(%)	计算资源利用率=近 1 年内 CPU 每天平均使用时间/24 小时
		存储资源利用率(%)	存储资源利用率=当前存储资源实际使用量/总的存储资源可用量
		网络资源支持的最大并发访问账户数量(个)	反映网络资源能力
		接入工业设备总数(台/套)	反映制造资源链接与优化配置
		接入工业软件数量(套)	反映制造资源链接与优化配置
	工业大数据管理与挖掘	可兼容的通信协议种类(种)	反映网关与协议的相关情况
		异构数据的转换效率(MB/S)	反映数据处理水平
		可视化数据的比例(%)	反映数据处理水平

（续表）

一级指标	二级指标	三级指标	备注
	微服务部署与调用	工业微服务的总数量（个）	反映区域工业微服务的数量
		活跃工业微服务数量占工业微服务总数量的比例（%）	活跃的工业微服务，即近1周内被调用5次以上的工业微服务
		近1年，工业微服务月度调用总次数（次）	工业微服务使用情况
	工业App使用情况	平台上的工业App总数量（个）	包括传统应用软件云化后的App，与基于平台资源开发的App
		平台拥有的杀手锏应用数量（个）	杀手锏应用指由平台独创性开发应用，在相应领域形成规模化应用并取得明显成效的工业App
		平台App的用户总数量（个）	用户数量按App注册账户统计，用户总数为每个App注册账户的总数量
		平台杀手锏应用的平均用户数量（个）	每个杀手锏应用的用户数量按注册账户统计
		平台全部App中，用户量排名前10位App近1个月的日活跃用户数（daily active user, DAU）（个）	日活跃用户数为统计1日之内，登录并使用了App的用户数
价值效益	平台应用规模	平台的用户总数量（个）	用户数量按平台注册账户统计，用户总数为注册账户的总数量
		平台近1年的月新增用户平均数量（个）	反映平台用户数量
	平台应用价值	最近3年，平台年均营收（万元/年）	反映经济社会效益
		平台营收年均增长率（%）	反映经济社会效益
		最近3年，平台年均交易规模（万元/年）	反映经济社会效益
		平台交易规模年均增长率（%）	反映经济社会效益
		平台连接工业设备利用率平均提升（%）	反映经济社会效益

4.5 云制造服务平台评价研究

作为智能制造的重点研究领域,云制造融合了云计算、物联网、高性能计算和智能科学技术等信息技术,对虚拟化、服务化的制造资源和制造能力进行统一的、集中的智能化管理和经营,用户可通过网络和云制造服务平台实时获取需要的、安全可靠的、优质廉价的制造全生命周期服务。

云制造服务主要包括两方面内容,一方面是制造资源(指物理存在的、具有静态传输介质的一种资源形式,包括计算资源、制造设备资源、软件资源、物料资源、知识资源和人力资源)的简单买卖或租赁服务,双方不产生或者产生较少的业务交互;另一方面是在制造活动中,服务提供者结合主观能力要素和制造资源要素为制造企业提供复杂协同业务的服务,服务供需双方存在业务逻辑依存关系和信息交互需求。

我国学者主要从信用评价、服务质量、服务安全、服务资源等角度对云制造进行了研究。在云制造服务信用评价方面,夏军等[97]在构建云制造服务提供方的信用评价体系时综合考虑了两个方面的信息:服务提供方首先登录平台成功后注册的准入平台的基本信息,主要包括财务能力、生产运营能力以及人力水平能力;当交易完成后,服务需求方对服务提供方在服务的时间、成本、质量、信誉度和可靠度方面的评价信息。郭伟等[98]构建了中小企业云制造模式下多服务主体信用评价体系,制造服务提供方的评价体系包括平台准入指标和交易保障指标 2 个一级指标,其中平台准入指标下设 4 个二级指标:基本素质、财务评价、生产运营能力和服务提供方准入资质;交易保障指标下设 2 个二级指标:本次交易信用评价和历史交易信用评价。在云制造服务质量评价方面,唐娟等[99]提出了云制造服务质量评价方法,构建了 9 个指标对云制造的服务质量进行评价。在云制造服务安全评价方面,余本功等[100]从企业实施云服务项目的角度,总结得出影响云服务安全的四大因素,即平台设施、运行安全、运营管理以及法律法规因素,在此基础上构建了 11 个具体指标对企业云服务安全进行评价。在云制造服务资源评价方面,张远龙等[101]分层次构建了云制造资源的评价指标,整个评价体系包括目标层、综合指标层、明细指标项层和评价对象层 4 个层次,采用 16 个具体指标对评价指标进行模糊量化,应用模糊层次分析法对云制造资源建立权重集,根据权重集对云制造资源进行综合评价,根据评价结果选择最优云制造资源。

综合上述相关研究,可以得到云制造服务平台的评价指标群(见表4-6)。

表 4-6　云制造服务平台评价指标群

一级指标	二级指标	三级指标
信用评价	财务能力	固定资产总额(亿元)
		年利润率(%)
		流动资金总额(亿元)
		流动资产增长率(%)
		年销售收入(亿元)
		库存周转率(%)
		资产总数(亿元)
	生产运营能力	产品合格率(%)
		平均制造周期(天)
		专利数(项)
		订单响应时间(小时)
		新产品研发周期(天)
		新产品开发数(项)
	人力水平能力	本科及以上占有率(%)
		高级技工占有率(%)
		管理者的管理能力(定性)
	基本素质	企业文化(定性)
		职工数(万人)
		企业历史(定性)
	服务提供方准入资质	主要客户交易年限(年)
		产品合格率(%)
		产品按时完成率(%)
	本次交易信用评价	订单响应时间(小时)
		总体服务质量(定性)
		服务描述相符度(定性)

（续表）

一级指标	二级指标	三级指标
	历史交易信用评价	历史响应时间(小时)
		历史服务质量(定性)
		历史描述相符度(定性)
		历史交易完成率(%)
		历史交易好评率(%)
服务质量评价	服务质量指标	服务成本(万元)
		服务质量(定性)
		服务信誉度(定性)
		服务可靠性(定性)
		服务能力(定性)
		服务方式(定性)
		加工精度(定性)
		性能价格比(定性)
		质量管理(定性)
安全评价	法律法规	司法取证易操作性(定性)
		法规条例完善性(定性)
	运营管理	服务商可审查(定性)
		服务商持久运作(定性)
		人员安全(定性)
	运行安全	故障恢复(定性)
		监管安全(定性)
		数据安全(定性)
	平台设施	用户身份管理(定性)
		网络安全(定性)
		服务器安全(定性)
资源综合评价	时间	加工时间(小时)
		物流时间(小时)
		交货时间(小时)
	成本	设计成本(万元)
		加工成本(万元)
		物流成本(万元)
	可靠度	可用性(定性)
		成功率(定性)
		可持续性(定性)

第5章
区域智能制造发展评价的实践经验

本章主要对国家未来生产就绪度评价、德国工业 4.0 就绪度评价、制造强国目标评价、两化融合评估、智能制造标准体系、智能制造评价办法等区域智能制造的相关实践经验进行总结。

5.1 国家未来生产就绪度

世界经济论坛与科尔尼咨询公司于 2018 年 1 月联合发布《2018 年未来生产就绪度报告》(*Readiness for the Future of Production Report 2018*)。"就绪"是指利用未来的生产机会,减轻风险和挑战,并对未知的冲击作出弹性和敏捷反应的能力。就绪度评估衡量的是对未来生产的准备,着眼于整个国家生产的平均准备水平,从国家层面,基于生产结构和生产动因 2 个核心要素、8 个具体指标对国家生产的未来准备情况进行评估,如图 5-1 所示。

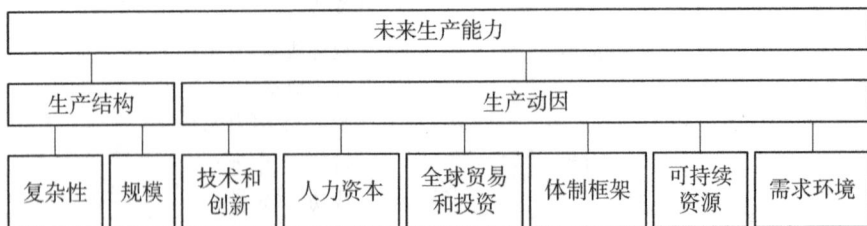

图 5-1　就绪度模型架构

一个国家的生产结构取决于多个变量,包括国家对农业、矿业、工业和服务部门发展的优先次序做出的战略决策,这种结构反映了一个国家当前生产基地的复杂性和规模。生产结构包括复杂性和规模两个指标:复杂性是评估一个国家能够生产的产品的组合和独特性,这是嵌入经济中的有用知识的数量以及这些知识结合的方式。规模是评估一个国家制造业产出的总量(增加制造值)以及制造业对经济的重要性(增加制造值占 GDP 的百分比)。

生产动因也称该框架的生产驱动力,是一个国家利用新兴技术和未来生产机会的关键推动力,协商过程被用来确定 6 个主要驱动因素:技术和创新、人力资本、全球贸易和投资、体制框架、可持续资源以及需求环境。技术和创新指标评估一个国家在何种程度上拥有先进、安全和连接的信息和通信技术基础设施,以支持在生产中采用新技术,衡量一个国家促进创新和将具有潜在生产应用的创新进行商业化的能力。人力资本指标评估一个国家对由第四次工业革命引发的生产劳动力市场变化的反应能力,既要考虑当前的劳动力能力,又要考虑在未来劳动力中培养正确技能和人才的长期能力。全球贸易和投资指标评估一国参与国际贸易以促进产品、知识和技术的交流,并建立全球联系的能力,还衡量该国支撑生产开发与投资活动的财政资源与基础设施的质量。体制框架指标评估该国政府机构、规章制度在引导新企业和先进制造业的技术发展上的有效性。可持续资源指标评估该国生产对环境的影响,包括自然资源利用和替代能源开发两个方面的评估。需求环境指标评估一国对他国和本地的需求规模、消费体量与市场结构。

基于对全球 100 个国家和经济体的分析,根据其生产结构和生产驱动因素得分,《2018 年未来生产就绪度报告》将国家划分成 4 类型——先导型、传统型、高潜力及新兴经济体。报告显示,所有国家都可以做更多的准备以塑造未来的生产模式,未来生产就绪度最高的国家集中在欧洲、北美和东亚,其中 20 个主要国家位于欧洲和北美,5 个位于东亚,这 25 个领先国家已经占到全球制造价值的 3/4 以上,并且准备在未来做得更好,这将导致全球生产差距进一步扩大。该报告还指出全球生产系统转型将成为一项挑战,未来生产可能在双速世界中日益分化,随着各经济体进行生产系统转型,将会出现不同的途径,而所有经济体都拥有改善空间,每类经济体内部都面临共同的挑战。随着新技术范式产生一系列新兴产业,经济体具有实现跨越发展的潜力,但仅有一小部分经济体具备实力挖掘该潜力。第四次工业革命将触发选择性回岸、近岸外包及全球价值链的其他结构性变化,未来生产就绪度需要全球和区域层面(而不仅局限于经济体层面)的解决方案,需要全新与创新型公私合作方式以加速转型。

5.2 德国工业 4.0 就绪度模型

德国工业 4.0 就绪度模型由德国机械设备制造业联合会于 2015 年 10 月在制造业转型升级的大背景下提出,是支撑德国工业 4.0 战略落地实施的有效手段[102]。该模型给出了衡量企业工业 4.0 就绪度的 6 个维度,即战略与组织、智能工厂、智能运营、智能产品、数据驱动服务以及雇员,并进一步分解为战略、投入、创新管理等 18 个域,如表 5 - 1 所示[103]。

表 5-1 工业 4.0 就绪度指标

维度	域
战略与组织	战略 投入 创新管理
智能工厂	数字模型 基础设施 数据应用 IT 系统
智能运营	云应用 IT 安全 自治过程 信息共享
智能产品	数据分析应用 产品智能功能

（续表）

维度	域
数据驱动服务	数据应用比例 收入比例 数据驱动服务
雇员	技能获取 员工技术技能

　　该模型将就绪度分成6个等级：未规划级、初始级、中级、熟练级、专家级和行业顶尖级，如表5-2所示。6个就绪水平可以分为公司的3种类型：新来者（0级和1级）：新来者包括那些在处理工业4.0方面没有做任何事情或者很少做的企业，因此在准备状态测量中被划分为0或1级。学习者（2级）：学习者是级别为2级的企业，指在实施工业4.0过程中已经

表5-2　工业4.0就绪度6个等级

等级	等级描述
未规划级（0）	企业不符合工业4.0的所有要求，本级也包含不了解工业4.0或与工业4.0不相关的企业
初始级（1）	企业在单一业务环节有信息化基础，仅有小部分核心业务应用信息化手段
中级（2）	企业开始对智能制造进行规划和投资，在部分核心的制造环节已实现信息化
熟练级（3）	企业制定了适合自己的工业4.0发展战略，在多项业务环节有资金投入，将创新管理加入企业发展战略，核心产品的数据可自动收集，企业内以及部分跨企业的数据可共享
专家级（4）	企业已按照战略实施工业4.0，并有相应的指标监测发展情况，相关环节均有资金投入，可实现跨部门间的创新管理，IT系统支持大数据分析，企业内部与上下游实现数据共享，企业可实现基于云的解决方案，产品可实现数据收集与有目的的分析，并基于反馈优化业务流程
行业顶尖级（5）	企业已实施工业4.0战略并可有序地监测发展状态，企业全流程均投入资金，并可实现企业内的创新管理，数据可综合性地自动采集，设施设备满足硬件与软件的集成，数据共享存在于全业务流程，核心业务可实现自治，企业是行业内的专家，所有核心业务都符合工业4.0要求

　　资料来源：LINDNER T W, WITTENSTEIN M, GERNANDT J, et al. Impuls-industry 4.0 readiness, foundation for mechanical engineering, plant engineering, and information technology [R]. Frankfurt: IMPULS-Stiftung, 2015.

迈出了第一步的公司。领导者(3级以上):领导者包括在准备就绪模型中至少达到了3级的企业,它们在实施工业4.0方面进展顺利,领先于德国机械工程行业的大多数企业。

该调查以德国机械和工程领域的企业为研究对象。就绪度测量表明,将近五分之一的公司已经达到工业4.0准备的中级水平(级别2),4.6%的公司已经达到3级,只有1%的公司达到专家水平(4级),还没有公司达到5级。37.6%左右的机械和设备工程公司是初学者(1级),将近39%的公司处于0级。

5.3　中国制造国家级示范区评估

为规范中国制造国家级示范区评估工作,加强考核管理,指导地方政府示范区创建工作,国家制造强国建设领导小组办公室于2018年2月印发《"中国制造2025"国家级示范区评估指南(暂行)》。该指南作为对示范区创建申报、创建过程和创建成效进行系统性评估的重要依据,目的是引导地方围绕当地制造业优势产业发展,以问题为导向,大胆探索、先行先试,不断提升创建工作的系统性、整体性、协调性,营造优势产业创新发展的生态环境,形成一批标志性成果,培育若干有较强影响力的协同创新高地和优势突出的先进制造业集群,输出一批有效破解制造业发展瓶颈的典型经验和成熟模式,示范引领全国加快制造强国建设。该指南提出了详细的示范区创建评价指标,如表5-3所示。

表5-3　国家级示范区创建评估指标体系

一级指标	二级指标	指标类型	数据来源
创新驱动	规模以上工业企业研发经费内部支出占主营业务收入比重(%)	定量	地方政府
	规模以上制造业每亿元主营业务收入有效发明专利数(件)	定量	统计年鉴
	创新机构建设及政产学研用协同创新水平情况	定性	创建方案/自评报告

（续表）

一级指标	二级指标	指标类型	数据来源
	创新驱动发展相关的其他内容	定性	专家评判
质量为先	制造业质量竞争力指数	定量	质检总局
	制造业增加值率及增速	定量	统计年鉴
	制造业全员劳动生产率增速（%）	定量	统计年鉴
	质量效益提升相关的其他内容	定性	专家评判
绿色发展	规模以上单位工业增加值能耗下降幅度	定量	统计年鉴
	单位工业增加值二氧化碳排放量下降幅度	定量	统计年鉴
	单位工业增加值用水量下降幅度	定量	统计年鉴
	工业固体废物综合利用率（%）	定量	统计年鉴
	绿色发展相关的其他内容	定性	专家评判
结构优化	传统企业改造升级水平	定性	创建方案/自评报告
	智能制造发展水平	定性	创建方案/自评报告
	数字化研发设计工具普及率（%）	定量	地方政府
	关键工序数控化率（%）	定量	地方政府
	产业结构优化升级相关的其他内容	定性	专家评判
人才为本	规模以上工业企业研发人员占工业从业人员比重（%）	定量	统计年鉴
	制造业人才培养引进情况	定性	创建方案/自评报告
	人才队伍建设相关的其他内容	定性	专家评判
组织实施	重点工作推进情况	定性	创建方案/自评报告
	政策措施落实情况	定性	创建方案/自评报告
	各类资金资源支持情况	定性	创建方案/自评报告
	开展标准化工作及管理情况	定性	创建方案/自评报告
	大胆探索、先行先试等其他内容	定性	专家评判
城市群协同发展	所在省（区）支持城市群创建示范区的工作机制情况	定性	创建方案/自评报告
	城市间产业协同发展水平	定性	创建方案/自评报告
	各城市引导本地产业差异化发展工作情况	定性	创建方案/自评报告

资料来源：《"中国制造2025"国家级示范区评估指南（暂行）》。

指标计算方法和说明如下：

（1）本指南中具体指标除考察申报对象或示范区的制造业整体情况外，也考察主导产业的相关情况。

（2）规模以上工业企业研发经费内部支出占主营业务收入比重（％）：反映企业创新投入的指标，由规模以上工业企业研发经费内部支出除以规模以上工业企业主营业务收入计算得出。对于城市群，由城市群内规模以上工业企业研发经费内部支出总和除以城市群内规模以上工业企业主营业务收入总和计算得出。

（3）规模以上制造业每亿元主营业务收入有效发明专利数（件）：反映企业创新效率的指标，由规模以上制造企业有效发明专利数除以规模以上制造企业主营业务收入计算得出。对于城市群，由城市群内规模以上制造企业有效发明专利数总和除以城市群内规模以上制造企业主营业务收入总和计算得出。

（4）创新机构建设及政产学研用协同创新水平情况：反映地区创新驱动条件及协同创新水平的综合性指标。创新机构建设情况主要包括：国家级创新机构（国家实验室、国家重点实验室、国家工程研究中心、国家技术创新中心、国家级企业技术中心、国家级工业设计中心、国家质检中心、国家级能源研发中心等）建设以及省市制造业创新中心建设等情况；政产学研用协同情况重点包括围绕主导产业方向开展的政产学研用深度融合、联合攻关、技术创新情况以及研发成果向实际产品有效转化情况等。

（5）创新驱动发展相关的其他内容：上述指标不能涵盖的专家认为能够反映创新驱动发展的其他方面，如开展跨区域协同创新、产业链上下游联合创新、企业管理创新等。

（6）制造业质量竞争力指数：反映地区制造业质量整体水平的经济技术综合指标，包括 2 个二级指标（质量水平和发展能力）、6 个三级指标（标准与技术水平、质量管理水平、质量监督与检验水平、研发与技术改造能力、核心技术能力和市场适应能力）以及 12 个统计指标（产品质量等级品率、工程技术人员比重、质量管理体系认证率、工业成本费用利润率、产品监督抽查合格率、出口商品检验合格率、研究与试验发展经费比重、技术改造经费比重、每亿元产值拥有专利数、新产品销售比重、人均产品销售收入和国际市场销售率）。在计算城市群制造业质量竞争力指数时采用加权平均法,每个城市的权重为该市制造业增加值占城市群制造业增加值的比重。

(7) 制造业增加值率及增速:反映制造业整体发展质量效益水平及发展态势的指标,制造业增加值率由制造业增加值除以制造业总产值计算得出。对于城市群,由城市群内制造业增加值总和除以城市群制造业总产值计算得出。增速由本城市(群)最近统计年度制造业增加值率相对上一年比较得出。

(8) 制造业全员劳动生产率增速(%):反映制造业整体发展质量效益的指标,由制造业增加值除以制造业从业人员数计算得出。对于城市群,由城市群内制造业增加值总和除以城市群内制造业从业人员总数计算得出。增速由本城市(群)最近统计年度制造业全员劳动生产率相对上一年比较得出。

(9) 质量效益提升相关的其他内容:上述指标不能涵盖的专家认为能够反映区域质量效益的其他方面,如质量品牌建设、质量标准体系建设等。

(10) 规模以上单位工业增加值能耗下降幅度:反映制造业资源节约的指标,由规模以上工业能源消耗总量除以规模以上工业增加值计算得出。对于城市群,由城市群规模以上工业能源消耗总量除以城市群内规模以上工业增加值总和计算得出。下降幅度由最近统计年度本城市(群)规模以上单位工业增加值能耗相对上一年比较得出。

(11) 单位工业增加值二氧化碳排放量下降幅度:反映制造业低碳发展的指标,单位工业增加值二氧化碳排放量由工业二氧化碳排放量除以工业增加值计算得出。对于城市群,由城市群内工业二氧化碳排放总量除以城市群内工业增加值总和计算得出。下降幅度由最近统计年度本城市(群)单位工业增加值二氧化碳排放量相对上一年比较得出。

(12) 单位工业增加值用水量下降幅度:反映制造业资源节约的指标,单位工业增加值用水量由工业用水量除以工业增加值计算得出。对于城市群,由城市群工业总用水量除以城市群内工业增加值总和计算得出。下降幅度由最近统计年度本城市(群)单位工业增加值用水量相对上一年比较得出。

(13) 工业固体废物综合利用率(%):反映制造业循环利用的指标,由

$$\frac{工业固体废物综合利用量}{工业固体废弃物产生量 + 综合利用往年贮存量}$$ 计算得出。对于城市群,由

$$\frac{城市群内综合利用工业固体废物综合利用总量}{城市群内工业固体废弃物产生总量 + 城市群内综合利用往年贮存总量}$$ 计算得出。

(14) 绿色发展相关的其他内容:上述指标不能涵盖的专家认为能够反映绿色发展的其他方面,如绿色产品生产、绿色制造工艺创新、绿色工厂、绿色园区、绿色供应链建设、节能环保产业、绿色金融发展以及危险废弃物处置等;当地政府根据《环境保护法》采购《环境标志产品政府采购清单》产品情况,对在符合法定要求基础上进一步减少污染物排放以及为保护环境依照有关规定进行转产、搬迁、关闭的单位进行支持的情况等。对于未按《环境保护法》等法律法规实现环境质量达标的地区采取"一票否决",取消其申报示范区资格。

(15) 传统企业改造升级水平:反映制造业转型升级的综合性指标,主要包括工业技术改造投资占工业投资比重及增长情况、技术改造资金持续支持力度、依法依规淘汰落后产能工作方案制订及落实情况、处置"僵尸企业"进展等。

(16) 智能制造发展水平:反映地区智能制造整体水平的综合指标。主要包括主导产业或特色产业的智能制造应用水平、工业云平台水平、智能制造产业供给能力、智能制造发展共性基础支撑能力等。

(17) 数字化研发设计工具普及率(%):反映制造业数字化发展水平的指标,由应用数字化研发设计工具的规模以上企业数量除以规模以上企业总数量计算得出,城市(群)可参考中国两化融合服务平台为本区域提供的该指标统计数据。

(18) 关键工序数控化率(%):反映制造业数字化发展水平的指标,为规模以上工业企业关键工序数控化率的平均值,城市(群)可参考中国两化融合服务平台为本区域提供的该指标统计数据。

(19) 产业结构优化升级相关的其他内容:上述指标不能包含的专家认为能够反映产业结构优化升级的其他方面,如新旧动能转换、服务型制造转型情况、标志性产业集中度、制造业单项冠军企业培育提升、高技术制

造业出口、外商投资高技术制造业等情况。

（20）规模以上工业企业研发人员占工业从业人员比重（％）：反映企业创新型人才支撑的指标，由规模以上工业企业研发人员数除以工业从业人员数计算得出。对于城市群，由城市群内规模以上工业企业研发人员总数除以城市群内工业从业人员总数计算得出。

（21）制造业人才培养引进情况：反映地区人才整体水平的综合指标，主要包括人才"选、育、用、留"及评价激励机制建设情况；地区引进海外高层次人才情况；与高等院校、职业学校（含技工院校）联合/委托培养人才（如开展现代学徒制）情况；制造业企业与应用型本科高校探索共建共管制造类专业二级学院情况；制造业企业接受学生实习情况；制造业企业技术人员、高技能人才到学校兼职任教和学校专业课教师到企业实践情况；制造领域新工科建设情况；企业专门技术人才、高技能人才及经营管理人才情况等具体内容。

（22）人才队伍建设相关的其他内容：上述指标不能涵盖的专家认为能够反映地区制造业人才队伍建设情况的其他方面，如深化人才发展体制机制改革激发人才创新创造活力、培育制造业优秀企业家、弘扬工匠精神、落实股权激励和人才优惠便利政策等。

（23）重点工作推进情况：主要考察示范区在破解制造业发展共性问题方面进行的工作方式方法等创新情况，"五大工程"推进实施进展情况，以及是否在主导产业发展瓶颈上有重大突破，是否形成重大标志性成果等。

（24）政策措施落实情况：主要考察示范区针对中央出台的支持制造业发展优惠政策制定的地方性细化和配套措施情况，包括配套措施是否可操作、出台后是否有实效，有无在招商引资和市场准入方面妨碍公平竞争、行政干预等不规范措施等。

（25）各类资金资源支持情况：主要考察示范区在资金资源要素保障方面的支持情况，包括是否针对示范区发展给予专项资金支持，是否采取有效措施推进产融合作，是否统筹用好各类政府资金和产业基金、加强各类资金计划衔接，是否实施普惠金融服务，是否推动老旧商业设施、仓储设施、闲置楼宇转化为创业孵化基地等。

（26）开展标准化工作及管理情况：主要考察示范区在形成可推广的

任务协同推进管理标准方面的工作情况,主要包括是否形成管理标准和规范,是否在标准化管理方面取得成果等。

(27) 大胆探索、先行先试等其他内容:主要考察示范区根据本地基础和特色进行针对性、开创性探索的情况,包括是否将国家自主创新示范区等区域实施的市场准入制度改革、财税金融、土地供应、人才培养等政策扩展到示范区并进行创新性实践,所在地省级人民政府是否将外资管理、经贸合作、投资审批等审批权限下放至示范区等。对于多数专家认为有重大突破的相关方面,包括在技术创新、体制机制创新、管理模式创新、产业发展等方面取得重大经验和标志性进展等,也应给予支持。

(28) 城市群协同发展:本指标仅适用于以城市群为载体创建示范区的情况。城市群评估总分 = 城市群协同发展得分 + (创新驱动、质量为先、绿色发展、结构优化、人才为本、组织实施 6 个一级指标总得分)×70%。①所在省(区)支持城市群创建示范区的工作机制情况:考察省级政府主体责任及推动实施机构落实情况,重点考察是否成立了由省政府主要负责同志任组长、省政府相关部门及有关城市政府负责同志参加的示范区创建工作推进实施机构及办公室,是否制定了示范区创建年度工作计划,是否定期召开会议研究部署重点工作,是否建立有效的评价考核机制,以及省级政府是否已明确支持城市群开展创建工作的具体政策措施。②城市间产业协同发展水平:考察城市间统筹布局、城市群主导产业协同创新、全产业链协同发展水平等情况。③各城市引导本地产业差异化发展工作情况:考察各城市在强化城市间产业协同的同时,是否针对自身特点,明确改革创新、先行先试方面的具体措施。

5.4　信息化和工业化融合评估规范

制造强国战略强调两化融合是主线,智能制造是主攻方向。2018 年 11 月,工业和信息化部发布《中国两化融合发展数据地图 2018》,旨在促进工业企业升级发展,为智能制造的评价提供良好的评价基础。该地图依据《工业企业信息化和工业化融合评估规范》(GB/T 23020 - 2013)绘制,全面剖析全国、各省市及重点行业两化融合发展现状、发展重点、价值成效、特征与模式及发展趋势。中国两化融合发展数据地图提供了持续量化跟踪我国两化融合发展水平和发展进程，客观描绘两化融合发展全景，追捕形成基于数据的精准施策和精准服务的新模式。

该评价体系从基础建设、单项应用、综合集成、协同与创新、竞争力、经济和社会效益6个方面对相关企业进行两化融合的评价（见表5-4），进而形成小微企业、中型企业以及大型企业的得分，然后从总体水平、发展阶段、关键指标以及新模式新业态4个方面对行业/区域层面的两化融合水平进行综合评价。

表5-4　工业企业信息化和工业化融合评估框架

评估视角	指标名称	主要内容
水平与能力评估	基础建设	评估两化融合基础设施和条件建设情况，衡量两化融合基础资源保障的水平与能力
	单项应用	评估信息技术在企业部门级单一业务环节中的应用情况，衡量信息技术与工业技术以及企业单项业务的结合和融合的水平与能力
	综合集成	评估企业跨部门、跨业务环节的业务综合和集成情况，衡量两化融合环境下企业内多业务综合集成和融合的水平与能力
	协同与创新	评估跨企业的业务协同和发展模式创新情况，衡量两化融合环境下企业间业务协同、创新和融合的水平与能力
效能与效益评估	竞争力	评估企业综合竞争力变化情况，衡量两化融合直接或间接带来的企业能力提升效果
	经济和社会效益	评估企业经济和社会效益水平变化情况，衡量两化融合直接或间接带来的企业效益提升作用

资料来源：《工业企业信息化和工业化融合评估规范》。

在表5-4中，单项应用、综合集成、协同与创新3个一级指标的评估内容主要从产品、企业管理、价值链3个维度展开。单项应用的主要评估内容包括产品设计、工艺设计、生产管理、生产制造、采购管理、销售管理、财务管理、质量和计量、能源与环保、安全管理、项目管理、设备管理、人力资源管理、办公管理等。综合集成的主要评估内容包括产品设计与制造集成、管理与控制集成、产供销集成、财务与业务集成、决策支持等。协同与创新的主要评估内容包括产品协同创新和绿色发展、企业集团管控、产业链协同等。

《工业企业信息化和工业化融合评估规范》还将企业两化融合程度分成 4 个阶段,即起步建设阶段、单项覆盖阶段、集成提升阶段和创新突破阶段。各阶段表述详见表 5-5。

表 5-5　企业两化融合发展阶段及主要特征

发展阶段	主要特征
起步建设阶段	两化融合基础设施和条件具备一定条件,但其单项应用尚未开展或刚刚起步。处于起步建设阶段的企业工作重心在于资源建设,从而为信息技术的应用打下基础,资源建设还将伴随着企业信息化后续深入发展不断得到加强和完善。资源建设既包括设备设施的构建,也包括逐步增大信息化投入、培养信息化人员、优化信息化组织、管理信息资源、保障信息安全等,从而逐步巩固信息技术应用的基础,完善信息技术应用的环境
单项覆盖阶段	企业具备了一定的两化融合基础设施和条件,单项应用对企业业务覆盖和渗透逐渐加强,发挥了一定作用,但其综合集成尚未有效实现。处于单项覆盖阶段的企业,信息技术在各单项业务环节的应用得到逐渐推行和重视,信息技术开始与工业业务进行结合,实现对各单项业务环节的横向覆盖和纵向渗透。横向业务覆盖包括研发设计、制造过程、经营管理和市场流通等,纵向渗透是指在各个业务环节应用中,信息技术的应用层次不断提高,对业务的支撑程度不断加深,比如从二维 CAD 发展到三维 CAD 等
集成提升阶段	企业基础建设水平进一步提高,单项应用基本成熟,综合集成有效实现,但其协同与创新尚未有效开展。处于集成提升阶段的企业,其集成应用得到逐步推动和发展,信息技术开始与工业业务深度结合,在信息化手段的支持下,业务系统之间逐步实现集成运作,业务之间逐步实现相互沟通和协同,系统集成基础上业务应用的开展推动了业务流程的逐渐优化和创新
创新突破阶段	企业基础建设趋于完备,单项应用和综合集成趋于成熟,且协同与创新得到有效实现。处于创新突破阶段的企业,其在集成应用进一步发展的基础上,信息技术应用实现从量变到质变,信息技术与工业业务的全面融合得到大力推进,信息实现了与生产资料、劳动者等工业生产要素的相互融合,而且其本身也成为工业生产必不可少的要素。融合创新开始突破企业边界,引发了面向市场和客户的工业业务流程变革和重组,促进了技术、管理和市场等方面的模式创新,催生了新的工业能力

资料来源:《工业企业信息化和工业化融合评估规范》。

两化融合在行业与区域上的集成主要从总体水平、发展阶段、关键指标以及新模式新业态 4 个方面、22 个具体指标来进行(见表 5-6)。

表 5-6 行业/区域两化融合评价指标

一级指标	具体指标
总体水平	基础建设 单项应用 综合集成 协同与创新
发展阶段	起步建设 单项覆盖 集成提升 创新突破
关键指标	信息化投入占比 生产设备数字化率 数字化研发设计工具普及率 关键工序数控化率 关键业务环节全面信息化的企业比例 应用电子商务的企业比例 实现管控集成的企业比例 实现产供销集成的企业比例 实现产业链协同的企业比例
新模式新业态	重点行业骨干企业"双创"平台普及率 实现网络化协同的企业比例 开展服务型制造的企业比例 开展个性化定制的企业比例 智能制造就绪率

资料来源:《工业企业信息化和工业化融合评估规范》。

5.5 智能制造标准体系建设指南

智能制造涉及的流程众多,相关技术层出不穷,需要通过标准化工作来提供可参考的模型,以更好地解决实施过程中可能面临的问题。标准化是实现智能制造的重要工具,美国、德国、中国均提出自己本国的标准化体系,各自的特点如表 5 - 7 所示[104]。

表 5 - 7　美国、德国、中国智能制造标准化体系特点对照表

	美国 NIST 智能制造生态系统	德国工业 4.0 参考体系结构	中国智能制造标准体系
系统层级	制造金字塔(ISO/IEC62264),连接产品、生产系统以及业务,分为现场设备、监控与数据采集、制造执行以及企业层	基于 ISO/IEC62264 与 IEC 61512 物理信息系统层级描述,包括产品、现场设备、控制设备、工作站、工作中心、企业以及互联世界	从生命周期、系统层级和智能特征 3 个维度,构建智能制造装备、生产、技术、流程、管理的全方位标准体系
关注点	主要关注产品、生产系统、业务以及连接方式这 4 个维度	主要关注资产、集成、通信、信息、功能、业务等维度	主要关注价值链、资源要素、系统集成、互联互通、信息融合、新兴业态等维度
生命周期	涉及业务流程、产品制造、生产系统的生命周期	主要涉及产品设计与产品制造两个环节	涉及产品的设计、生产、物流、销售与服务等全生命周期

我国《国家智能制造标准体系建设指南(2015 年版)》[105]和《国家智能制造标准体系建设指南(2018 年版)》[106]的制定是以建立既符合我国国情,又与国际接轨的智能制造标准体系为目标,以跨领域融合创新为手段,聚焦智能制造的重点领域,统筹智能制造的标准资源,优化智能制造的行业体系结构,为实施智能制造提供强有力的标准支撑[107]。

以 2018 年版为例,指南给出了图 5 - 2 所示的智能制造系统架构,旨在从生命周期、系统层级和智能特征 3 个维度对智能制造所涉及的活动、装备、特征等内容进行描述,明确智能制造的标准化需求、对象和范围,指导国家智能制造标准体系建设。

在图 5 - 2 中,生命周期是指从产品原型研发开始到产品回收再制造的各个阶段,包括设计、生产、物流、销售、服务等一系列相互联系的价值创造活动。生命周期的各项活动可进行迭代优化,具有可持续性发展的特点,不同行业的生命周期构成不尽相同。系统层级是指与企业生产活动相关的组织结构的层级划分,包括设备层、单元层、车间层、企业层和协同层。

图 5-2 中的三维坐标系统示意图

系统层级
协同
企业
车间
单元
设备

设计　生产　物流　销售　服务　　生命周期

资源要素
互联互通
融合共享
系统集成
新兴业态

智能特征

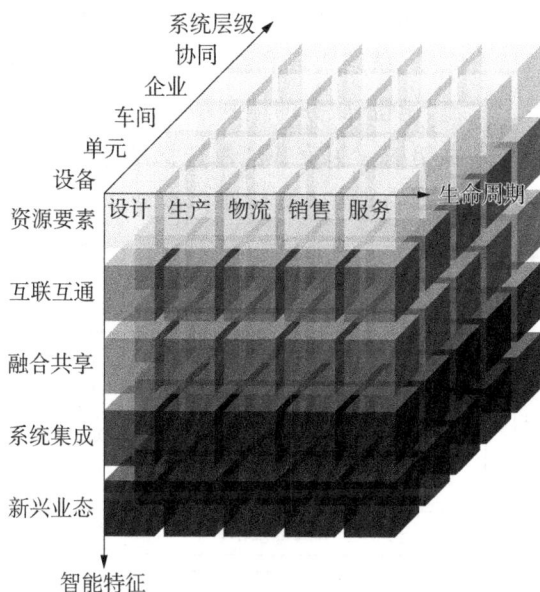

图 5-2　智能制造系统架构

设备层是指企业利用传感器、仪器仪表、机器、装置等实现实际物理流程并感知和操控物理流程的层级;单元层是指用于工厂内处理信息、实现监测和控制物理流程的层级;车间层是实现面向工厂或车间的生产管理的层级;企业层是实现面向企业经营管理的层级;协同层是企业实现其内部和外部信息互联和共享过程的层级。智能特征是指基于新一代信息通信技术使制造活动具有自感知、自学习、自决策、自执行、自适应等一个或多个功能的层级划分,包括资源要素、互联互通、融合共享、系统集成和新兴业态五层智能化要求。资源要素是指企业生产时所需要使用的资源或工具及其数字化模型所在的层级;互联互通是指通过有线、无线等通信技术,实现装备之间、装备与控制系统之间、企业之间相互连接及信息交换功能的层级;融合共享是指在互联互通的基础上,利用云计算、大数据等新一代信息通信技术,在保障信息安全的前提下,实现信息协同共享的层级;系统集成是指企业实现智能装备到智能生产单元、智能生产线、数字化车间、智能工厂,乃至智能制造系统集成过程的层级;新兴业态是企业为形成新型产业形态进行企业间价值链整合的层级。总之,智能制造的关键是实现贯穿企业设备层、单元层、车间层、工厂层、协同层不同层面的纵向集成,跨资源要素、互联互通、融合共享、系统集成和新兴业态不同级别的横向集成,以及覆盖设计、生产、物流、销售、服务的端到端集成。

结合智能制造系统架构,《国家智能制造标准体系建设指南(2018 年版)》将智能制造标准体系分成了"A 基础共性""B 关键技术""C 行业应用"3 个部分,构建了如图 5-3 所示的智能制造标准体系结构图。

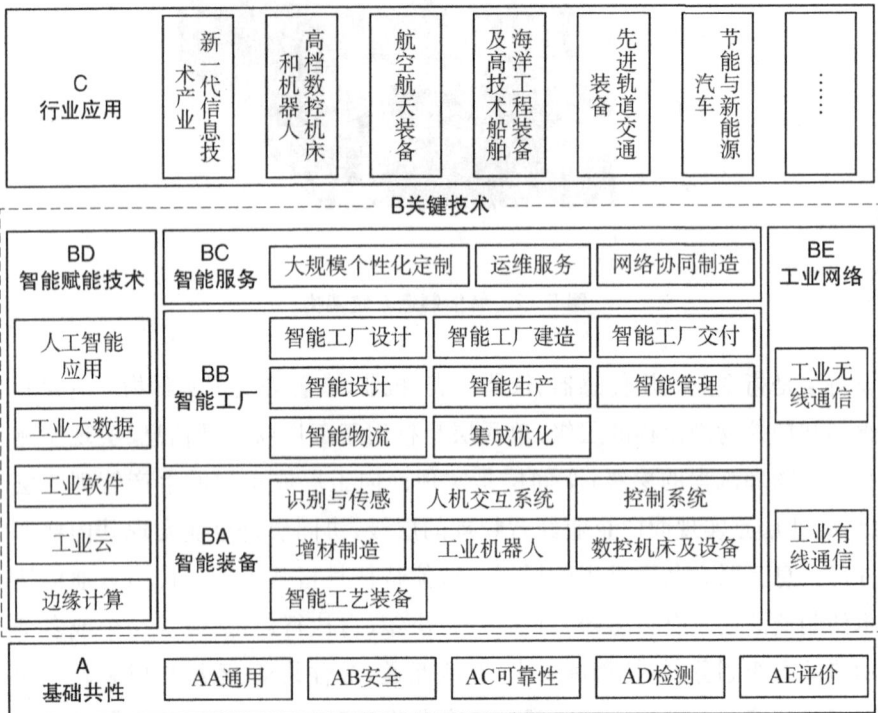

图 5-3　智能制造标准体系结构图

在图 5-3 中,A 基础共性标准包括通用、安全、可靠性、检测、评价五大类,位于智能制造标准体系结构图的最底层,是 B 关键技术标准和 C 行业应用标准的支撑。B 关键技术标准是智能制造系统架构智能特征维度在生命周期维度和系统层级维度所组成的制造平面的投影,其中 BA 智能装备对应智能特征维度的资源要素,BB 智能工厂对应智能特征维度的资源要素和系统集成,BC 智能服务对应智能特征维度的新兴业态,BD 智能赋能技术对应智能特征维度的融合共享,BE 工业网络对应智能特征维度的互联互通。C 行业应用标准位于智能制造标准体系结构图的最顶层,面向行业具体需求,对 A 基础共性标准和 B 关键技术标准进行细化和落地,指导各行业推进智能制造。

事实上,智能制造标准体系结构中明确了智能制造的标准化需求,与智能制造系统架构具有映射关系。以大规模个性化定制模块化设计规范为例,它属于智能制造标准体系结构中 B 关键技术—BC 智能服务中的大规模个性化定制标准。在智能制造系统架构中,它位于生命周期维度设计环节,系统层级维度的企业层和协同层,以及智能特征维度的新兴业态。

5.6　智能制造试点示范条件

2017 年 4 月,工业和信息化部根据《智能制造发展规划(2016—2020年)》《智能制造工程实施指南(2016—2020 年)》的要求,重点围绕 5 种智能制造模式,鼓励新技术创新应用,开展智能制造试点示范,并给出智能制造试点示范的 5 个模式和 2 个新技术创新应用的要素条件。

智能制造试点示范 5 个模式要素条件如下:

(1) 离散型智能制造模式需要具备:车间/工厂的总体设计、工艺流程及布局均已建立数字化模型,并进行模拟仿真,实现规划、生产、运营全流程数字化管理;应用数字化三维设计与工艺技术进行产品、工艺设计与仿真,并通过物理检测与试验进行验证与优化;建立产品数据管理系统,实现产品设计、工艺数据的集成管理;制造装备数控化率超过 70%,并实现高档数控机床与工业机器人、智能传感与控制装备、智能检测与装配装备、智能物流与仓储装备等关键技术装备之间的信息互联互通与集成;建立生产过程数据采集和分析系统,实现生产进度、现场操作、质量检验、设备状态、物料传送等生产现场数据自动上传,并实现可视化管理;建立车间制造执行系统,实现计划、调度、质量、设备、生产、能效等管理功能;建立企业资源计划系统,实现供应链、物流、成本等企业经营管理功能;建立工厂内部通信网络架构,实现设计、工艺、制造、检验、物流等制造过程各环节之间,以及制造过程与制造执行系统和企业资源计划系统的信息互联互通;建有工业信息安全管理制度和技术防护体系,具备网络防护、应急响应等信息安全保障能力;建有功能安全保护系统,采用全生命周期方法有效避免系统失效;通过持续改进,实现企业设计、工艺、制造、管理、物流等环节的产品全生命周期闭环动态优化,推进企业数字化设计、装备智能化升级、工艺流程优化、精益生产、可视化管理、质量控制与追溯、智能物流等方面的快速提升。

（2）流程型智能制造需要具备:工厂总体设计、工艺流程及布局均已建立数字化模型,并进行模拟仿真,实现生产流程数据可视化和生产工艺优化;实现对物流、能流、物性、资产的全流程监控,建立数据采集和监控系统,生产工艺数据自动数据采集率达到90%以上;采用先进控制系统,工厂自控投用率达到90%以上,关键生产环节实现基于模型的先进控制和在线优化;建立生产执行系统,生产计划、调度均建立模型,实现生产模型化分析决策、过程量化管理、成本和质量动态跟踪以及从原材料到产成品的一体化协同优化;建立企业资源计划系统,实现企业经营、管理和决策的智能优化;对于存在较高安全与环境风险的项目,实现有毒有害物质排放和危险源的自动检测与监控、安全生产的全方位监控,建立在线应急指挥联动系统;建立工厂通信网络架构,实现工艺、生产、检验、物流等制造过程各环节之间,以及制造过程与数据采集和监控系统、生产执行系统、企业资源计划系统之间的信息互联互通;建有工业信息安全管理制度和技术防护体系,具备网络防护、应急响应等信息安全保障能力;建有功能安全保护系统,采用全生命周期方法有效避免系统失效;通过持续改进,实现生产过程动态优化,制造和管理信息的全程可视化,企业在资源配置、工艺优化、过程控制、产业链管理、节能减排及安全生产等方面的智能化水平显著提升。

（3）网络协同制造需要具备:建有网络化制造资源协同云平台,具有完善的体系架构和相应的运行规则;通过协同云平台,展示社会/企业/部门制造资源,实现制造资源和需求的有效对接;通过协同云平台,实现面向需求的企业间/部门间创新资源、设计能力的共享、互补和对接;通过协同云平台,实现面向订单的企业间/部门间生产资源合理调配,以及制造过程各环节和供应链的并行组织生产;建有围绕全生产链协同共享的产品溯源体系,实现企业间涵盖产品生产制造与运维服务等环节的信息溯源服务;建有工业信息安全管理制度和技术防护体系,具备网络防护、应急响应等信息安全保障能力;通过持续改进,网络化制造资源协同云平台不断优化,企业间/部门间创新资源、生产能力和服务能力高度集成,生产制造与服务运维信息高度共享,资源和服务的动态分析与柔性配置水平显著增强。

(4) 大规模个性化定制需要具备:产品采用模块化设计,通过差异化的定制参数,组合形成个性化产品;建有基于互联网的个性化定制服务平台,通过定制参数选择、三维数字建模、虚拟现实或增强现实等方式,实现与用户深度交互,快速生成产品定制方案;建有个性化产品数据库,应用大数据技术对用户的个性化需求特征进行挖掘和分析;个性化定制平台与企业研发设计、计划排产、柔性制造、营销管理、供应链管理、物流配送和售后服务等数字化制造系统实现协同与集成;通过持续改进,实现模块化设计方法、个性化定制平台、个性化产品数据库的不断优化,形成完善的基于数据驱动的企业研发、设计、生产、营销、供应链管理和服务体系,快速、低成本满足用户个性化需求的能力显著提升。

(5) 远程运维服务需要具备:采用远程运维服务模式的智能装备/产品应配置开放的数据接口,具备数据采集、通信和远程控制等功能,利用支持 IPv4(internet protocol version 4,网际互连协议第 4 版)、IPv6(internet protocol version 6,网际互连协议第 6 版)等技术的工业互联网,采集并上传设备状态、作业操作、环境情况等数据,并根据远程指令灵活调整设备运行参数;建立智能装备/产品远程运维服务平台,能够对装备/产品上传数据进行有效筛选、梳理、存储与管理,并通过数据挖掘、分析,向用户提供日常运行维护、在线检测、预测性维护、故障预警、诊断与修复、运行优化、远程升级等服务;智能装备/产品远程运维服务平台应与设备制造商的产品全生命周期管理系统、客户关系管理系统、产品研发管理系统实现信息共享;智能装备/产品远程运维服务平台应建立相应的专家库和专家咨询系统,能够为智能装备/产品的远程诊断提供智能决策支持,并向用户提出运行维护解决方案;建立信息安全管理制度,具备信息安全防护能力;通过持续改进,建立高效、安全的智能服务系统,提供的服务能够与产品形成实时、有效互动,大幅度提升嵌入式系统、移动互联网、大数据分析、智能决策支持系统的集成应用水平。

智能制造试点示范两个新技术创新应用条件如下：

（1）工业互联网创新应用需要具备：建立工业互联网工厂内网，采用工业以太网、工业无源光纤网络（passive optical network，PON）、工业无线、IPv6 等技术，实现生产装备、传感器、控制系统与管理系统等的互联，实现数据的采集、流转和处理；利用 IPv6、工业物联网等技术，实现与工厂内、外网的互联互通，支持内、外网业务协同；采用各类标识技术自动识别零部件、在制品、工序、产品等对象，在仓储、生产过程中实现自动信息采集与处理，通过与国家工业互联网标识解析系统对接，实现对产品全生命周期管理；实现工厂管理软件之间的横向互联，实现数据流动、转换和互认；在工厂内部建设工业互联网平台，或利用公众网络上的工业互联网平台，实现数据的集成、分析和挖掘，支撑智能化生产、个性化定制、网络化协同、服务化延伸等应用；通过部署和应用工业防火墙、安全监测审计、入侵检测等安全技术措施，实现对工业互联网安全风险的防范、监测和响应，保障工业系统的安全运行；通过持续改进，促进工厂内部网络互联、数据交互和安全保障能力建设，推动工厂外部网络基础设施建设、工业互联网平台和公共工业互联网标识解析体系建设，加快新业务和新模式创新。

（2）人工智能创新应用需要具备：关键制造装备采用人工智能技术，通过嵌入计算机视听觉、生物特征识别、复杂环境识别、智能语音处理、自然语言理解、智能决策控制以及新型人机交互等技术，实现制造装备的自感知、自学习、自适应、自控制；构建工业大数据平台，通过数据采集系统和互联互通的网络架构，采集产品设计、工艺、制造、物流、管理、销售、服务、运维等各环节数据，并对采集到的数据进行有效筛选、梳理、存储和管理；应用机器学习、专家系统、深度学习等人工智能新技术对数据进行分析和挖掘，实现对研发设计、生产制造、经营管理、物流销售、运维服务等环节的智能决策支持；目标产品集成应用智能感知、模式识别、智能分析、智能控制等人工智能技术，实现传感、交互、控制、协作、决策等方面性能和智能化水平的显著提高。

5.7　浙江省智能制造评价办法

以制造强国战略和《国家智能制造标准体系建设指南(2015 年版)》等重要文件为指导,为推动浙江省智能制造的发展,受浙江省经济和信息化委员会委托,浙江大学控制学院与浙江省技术创新服务中心紧密合作,经过广泛调研,形成了《智能制造评价办法(浙江省 2016 年版)》。

该办法是浙江省首次发布的智能制造水平的定量评价标准,其评价内容主要包括离散型智能制造评价办法、流程型智能制造评价办法、网络协同型智能制造评价办法、大规模个性化定制智能制造评价办法、远程运维服务型智能制造评价办法,其一级指标见表 5 - 8,详细解释可参见《智能制造评价办法(浙江省 2016 年版)》。

表5-8　浙江省智能制造评价办法的一级指标及其权重

类别	指标	权重分数
离散型智能制造评价办法	工厂数字化	8
	制造过程自动化	18
	制造执行系统	12
	智能制造总体技术先进性评价	15
	产品设计数字化	10
	数据互联互通	15
	企业资源计划管理系统	12
	智能制造综合指标先进性评价	10
流程型智能制造评价办法	生产过程自动化	18
	数据互联互通	15
	智能制造总体技术先进性评价	15
	工厂设计数据化	10
	制造执行系统	12
	企业资源计划管理系统	20
	智能制造综合指标先进性评价	10
网络协同型智能制造评价办法	并行工程技术	20
	智能制造总体技术先进性评价	25

（续表）

类别	指标	权重分数
	网络协同型智能制造平台	35
	资源配置功能	20
	智能制造综合指标先进性评价	10
大规模个性化定制智能制造评价办法	模块化设计方法	15
	个性化产品数据库	15
	智能制造总体技术先进性评价	20
	个性化定制平台	20
	敏捷柔性智能制造	20
	智能制造综合指标先进性评价	10
远程运维服务型智能制造评价办法	远程运维服务平台	30
	远程运维服务核心模型	30
	远程运维服务软件	30
	远程运维服务综合指标先进性评价	10

资料来源：《智能制造评价办法（浙江省 2016 年版）》。

第6章
区域智能制造先行度相关评价指标群

本章将对智能制造评价相关的理论研究与实践经验进行总结,归结为智能集成创新、两化融合推进、试点示范引领、标准体系构建、发展载体培育、区域基础服务支撑6个方面的可选指标群,以搭建区域智能制造先行度的指标体系基础。

6.1 智能集成创新指标库

本类可选指标主要包括智能制造业评价、制造技术创新能力评价[88-89,108-110]、制造自主创新评价[111-113]、制造协同创新评价[114-117]、中国制造评价体系中的创新能力和质量效益类的相关指标(见表6-1)。

表6-1 智能集成创新指标库

一级指标	二级指标	指标解释
基础能力	全员劳动生产率[元/(人·年)]	工业增加值÷从业人员平均人数
	科技政策对装备产业创新的支持力度	产业科技活动经费中政府资金÷产业科技活动经费筹集额×100%
	金融政策对装备产业创新的支持力度	产业科技活动经费金融机构贷款÷产业科技活动经费筹集额×100%
投入能力	规模以上企业研发经费投入(亿元)	反映区域对研发活动的投入

（续表）

一级指标	二级指标	指标解释
	研发经费投入强度	研发经费投入÷区域生产总值
	规模以上企业研发全时当量（%）	反映投入从事拥有自主知识产权的研发活动的人力规模
	规模以上制造业研发经费内部支出占主营业务收入比重（%）	研发费支出占比是按3年合计发生的研发费总额占3年合计销售收入的比重来计算
	科技活动人员（万人）	直接从事科技活动以及专门从事科技活动管理和为科技活动提供直接服务的人员
	微电子控制设备占生产设备的比重（%）	装备制造业产业微电子设备原值÷同期行业生产设备原值×100%
	装备制造业固定资产投入（亿元）	反映区域对装备制造的投入情况
	技术引进经费比重	产业技术引进经费÷产业科技活动经费支出总额×100%
	科技经费支出占地方财政支出比重（%）	反映地方对科研的重视程度
创新环境	装备创新意识	装备产业活动经费企业资金÷产业科技活动经费筹集额×100%
	创新环节素质	定性，包括产业内各企业领导、各创新部门领导和员工的素质及人才结构，其高低直接决定着创新内部协同程度
	创新组织效率	定性，包括创新系统的机构设置及创新部门的匹配状况、创新系统的信息管理及沟通状况
	创新内部环境	定性，一般可从各创新环节之间满意度、沟通状态及思想意识入手分析，反映各创新环节之间对彼此工作的相互认同度及满意度
	创新内部敏捷性	定性，可以从各创新环节对创新变化的响应及传递来分析，反映创新系统对外部环境变化的感知和响应状况
	研发组织管理能力水平	定性，组织内部专门负责整个公司创新管理工作的水平
	创新界面能力水平	定性，企业内部不同职能部门之间的协调水平
	产学研合作开发度	产业科技活动经费中对高校及科研机构经费支出÷产业科技活动经费支出总额×100%

（续表）

一级指标	二级指标	指标解释
产出效益	工业增加值率（%）	工业增加值÷工业总产值×100%
	技术引进消化吸收比例（%）	产业技术引进消化吸收费用÷产业同期技术引进经费×100%
	规模以上装备制造业工业总产值（%）	反映装备制造业的产值情况
	出口额	以货币表示的一个区域在一定时期内实际出口的全部商品总金额
	新产品销售收入占全部销售收入比重（%）	产业新产品销售收入÷产业产品销售收入×100%
	规模以上工业企业新产品产值率（%）	规模以上工业企业新产品产值÷工业总产值×100%
	产品市场占有率（%）	产业产品销售收入÷全国同产业产品销售收入×100%
	发明专利申请受理量（件）	反映创新资源投入产生效益
	规模以上制造业每亿元主营业务收入有效发明专利数（件）	规模以上制造企业有效发明专利数÷规模以上制造企业主营业务收入
	制造业质量竞争力指数	制造业质量竞争力指数是反映我国制造业质量整体水平的经济技术综合指标，由质量水平和发展能力两个方面共计 12 项具体指标计算得出
	制造业增加值率提高	在一定时期内制造业增加值占同期工业总产出的比重
	制造业全员劳动生产率增速（%）	反映一个地区所有从业者在一定时期内创造的劳动成果与其相适应的劳动消耗量的比值，衡量劳动力要素的投入产出效率。计算公式为：全员劳动生产率＝GDP÷年平均从业人员数

6.2　两化融合推进指标库

本类可选指标主要围绕信息化和工业化融合的区域评价[118-120]、制造业评价[121-124]，以及中国企业两化融合评价规范来构建（见表 6 - 2）。

表 6-2 两化融合推进指标库

一级指标	二级指标	指标解释
融合环境	每百万人互联网用户数（亿人）	互联网用户人数÷百万人（总人口）
	宽带普及率（%）	固定宽带家庭用户数÷家庭户数×100%
	人均宽带拥有量	千比特÷人（总人口）
	每百人拥有电话主线数（个）	主线总数÷百人（总人口）
	每千人有线电视台数（台）	有线电视台数÷千人（总人口）
	万人国际互联网用户数（个）	包括局域、城域和广域网、拨号上网和专线上网用户
	网民普及率（%）	网民数÷人口数×100%
	域名数	反映互联网发展情况的指标
	光缆线路长度	反映通信基础设施建设情况的指标
	计算机拥有量（台）	反映区域企业能充分保障员工正常开展日常的各项工作
	数控机床的应用率（%）	反映制造设备性能
	中小企业信息化服务平台个数（个）	反映国家对中小企业扶持力度的指标
	高新产业固定资产占工业固定资产比例（%）	高新产业固定资产÷工业固定资产×100%
	信息产业基础设施建设投资占全部基础设施建设投资的比重（%）	信息产业基础设施建设投资额÷全部基础设施建设投资额×100%
	光纤到户覆盖总量（户）	反映信息基础设施建设情况的指标
	固定宽带用户平均可用下载速率（Mb/s）	反映信息基础设施建设情况的指标
	互联网宽带接入端口（万个）	反映宽带基础设施建设情况的指标
	移动电话普及率（部/百人）	反映通信网络设备普及率的指标
融合集成与应用	信息技术人员占工业从业人数的比例（%）	信息技术人员数量÷工业从业人数×100%
	信息产业就业人数占总就业人数的比例（%）	信息产业就业人数÷总就业人数×100%
	高新产业从业人员占工业从业人员比例（%）	高新产业从业人员数量÷工业从业人员数量×100%
	地区网站数量占全国的比例（%）	反映企业和机构对网络资源的开发利用情况

（续表）

一级指标	二级指标	指标解释
	地区域名数量占全国的比例（%）	反映企业和机构对网络资源的开发利用情况
	网络购物渗透率（%）	当年网购人数÷当年上网人数×100%
	信息指数	指个人消费中除去衣食住外杂费的比例，反映信息消费能力
	工业劳动生产率（%）	工业增加值÷从业人员人数×100%，反映信息应用主体的素质和信息化的发展水平
	数字化工业产品的产值（万元）	反映信息技术与工业产品的融合程度
	高新产业增加值占工业增加值的比例（%）	高新产业增加值总额÷工业增加值总额×100%
	电子信息制造业出口交货值占全社会出口总额的比重（%）	规模以上电子信息制造业出口交货值÷全社会出口总额×100%
融合关键	生产设备数字化率（%）	规模以上工业企业生产设备数字化率的平均值，反映制造业数字化发展水平的指标
	数字化研发设计工具普及率（%）	应用数字化研发设计工具的规模以上企业数量÷规模以上企业总数量×100%
	关键工序数控化率（%）	规模以上工业企业关键工序数控化率的平均值
融合水平	综合能耗产出率（%）	反映基础融合促进工业发展和经济发展方式转变的效果
	工业增加值率（%）	工业增加值÷工业总产值×100%
	电子商务销售额（万元）	反映基础融合中业务融合水平的指标
	工业云平台应用率（%）	反映云计算和制造业融合发展情况的指标
	单位工业产出消耗信息业产品值（万元）	用投入产出表中的消耗系数表示两种产业的相互使用情况
	企业新产品价值占全部产品价值比重（%）	反映应用信息系统设计的新产品给企业带来的效益
	平均流通时间（秒）	指产品（零件）进入生产线后直到加工处理完毕离开生产线所经历的时间
	设备利用率（%）	指设备的实际开动时间占制度工作时间的百分比
	生产线平衡率（%）	各工序时间总和÷（生产节拍×总设备数）×100%

（续表）

一级指标	二级指标	指标解释
	质量满意度	（产品的销量－产品的返修数量）÷产品的销量
	延迟交货比例（％）	指生产线没能按时按质按量交出货物的比率，其计算公式为：延迟交货比例＝延迟交货数÷交货总数×100％
	生产管理类信息技术覆盖率（％）	反映生产管理信息化普及率和覆盖率
	企业拥有网站数量	反映互联网和企业融合发展情况的指标
	人均消费支出（万元）	反映社会需求增长

6.3　试点示范引领指标库

本类可选指标主要依据《中国制造国家级示范区评估指南》和《智能制造试点示范条件》《智能制造评价办法（浙江省 2016 年版）》等实践经验来构建（见表 6-3）。

表 6-3　试点示范引领评价指标库

类别	指标内容
离散型	工厂数字化
	制造过程自动化
	制造执行系统
	智能制造总体技术先进性评价
	产品设计数字化
	数据互联互通
	企业资源计划管理系统
	智能制造综合指标先进性评价
流程型	生产过程自动化
	数据互联互通
	智能制造总体技术先进性评价
	工厂设计数据化
	制造执行系统

（续表）

类别	指标内容
	企业资源计划管理系统 智能制造综合指标先进性评价
网络协同型	并行工程技术 智能制造总体技术先进性评价 网络协同型智能制造平台 资源配置功能 智能制造综合指标先进性评价
大规模个性化定制	模块化设计方法 个性化产品数据库 智能制造总体技术先进性评价 个性化定制平台 敏捷柔性智能制造 智能制造综合指标先进性评价
远程运维服务	远程运维服务平台 远程运维服务核心模型 远程运维服务软件 远程运维服务综合指标先进性评价
基础推广	规模以上工业企业研发项目数(项) 智能制造试点示范项目数(项)
组织实施	重点工作推进情况 政策措施落实情况 国家对区域发展给予专项资金支持(万元) 开展标准化工作及管理情况 大胆探索、先行先试等其他内容

6.4　标准体系构建指标库

本类可选指标主要基于《智能制造标准体系建设指南》的实践经验、区域标准化构建效益评价[125,126]等理论研究来构建(见表 6 - 4)。

表6-4 标准体系构建指标库

一级指标	二级指标	指标解释
工作基础	标准化专业人员比例(%)	标准化专业技术人员数占劳动力总数的百分比,反映标准化工作水平的高低
	标准化仪器设备资产(万元)	在标准化工作中,供人们长期使用并在反复使用中基本保持原有实物形态和功能的生产资料和物质资料的总称
	人均政府标准化经费投入(万元)	标准化经费投入总额与劳动力总数之比。标准化经费主要投入贯彻培训专项费用、标准化硬件设施使用投入、服务设施整改,以及资料费用和宣传用品等方面,能够反映标准化实施基础水平
	人均标准化培训次数(人次)	标准化培训总次数与劳动力总数之比,反映标准化培训的力度
	起草单位数量(项)	参与标准制定的单位数量
	研制标准数量(项)	参与主导、主持标准制定的单位数量
	国家标准数量(项)	由国务院标准化行政主管部门编制计划,协调项目分工,组织制定(含修订),统一审批、编号、发布的标准数量。该指标是一种存量指标
	行业标准数量(项)	由我国各主管部、委(局)批准发布,在该部门范围内统一使用的标准数量。该指标是一种存量指标
	地方标准数量(项)	由省、自治区、直辖市标准化行政主管部门制定,并报国务院标准化行政主管部门和国务院有关行政主管部门备案的标准数量,反映了地方政府对标准化工作的重视程度
	企业产品标准备案数量(项)	企业依法将批准发布的企业产品标准告知标准化行政主管部门,并由标准化行政主管部门存档备查的标准数量,从企业层面反映对标准化工作的重视程度
	千家规模以上工业企业拥有标准化技术委员会数量(国家级和省级)(个)	国家级和省级标准化技术委员会数量与千家规模以上工业企业数量之比。该指标用全国标准化技术委员会规模来反映标准化战略的建设水平
	千家规模以上工业企业拥有标准化示范基地数量(国家级和省级)(个)	标准化示范基地数量与千家规模以上工业企业数量之比

（续表）

一级指标	二级指标	指标解释
实施水平	国际标准转化率（%）	采用自定义的形式,定义为区域年度采标数占国外主要标准数量的比例
	行业标准研制贡献指数	反映了区域参与行业标准化工作的贡献程度
	国家标准研制贡献指数	反映了区域参与国家标准化工作对贡献程度

6.5 发展载体培育指标库

本类可选指标主要围绕工业互联网平台和云制造服务平台评价等实践经验,以及产学研创新载体评价[127-129]、技术创新载体评价[130]、智能制造企业孵化器综合评价[131-134]等相关理论研究来构建(见表6-5)。

表6-5　发展载体培育指标库

一级指标	二级指标	指标解释
载体投入	基础设施建设投入额(亿元)	反映载体基础设施的完备程度
	规模以上工业企业研发经费内部支出占主营业务收入比重(%)	由规模以上工业企业研发经费内部支出除以规模以上工业企业主营业务收入计算得出
	科技企业固定资产投资额(亿元)	反映创新的物质技术条件
	专门从事科技活动管理和为科技活动提供直接服务的人员(万人)	工业企业主管科技工作的负责人,企业科技管理部门(科研管理处、部、科等)的工作人员,直接为科技活动提供资料文献、材料供应、设备维护等服务的人员
	外商实际投资额(亿元)	反映对外资的吸引力
	科研经费占GDP的比重(%)	反映一个国家或者地区对科研的重视程度
	研究生以上学历人数(人)	反映区域高层次人才规模
	高等学校科研人员(人)	反映区域高层次人才规模
	国内学术会议举办情况	具体包括举办次数、参加人次、交流论文篇数

（续表）

一级指标	二级指标	指标解释
	境内国际学术会议举办情况	具体包括举办次数、参加人次、交流论文篇数
	港澳台地区学术会议举办情况	具体包括举办次数、参加人次、交流论文篇数
创新载体	省级研发平台数（个）	省级重点实验室（含学科重点实验室、企业重点实验室）、省级技术创新中心、省级产业技术研究院
	智能制造示范企业（家）	反映制造业智能制造实施进程的指标
	制造创新中心（家）	反映制造业创新水平
	高新技术企业数量（家）	在国家颁布的《国家重点支持的高新技术领域》范围内，持续进行研究开发与技术成果转化，形成企业核心自主知识产权，并以此为基础开展经营活动的企业
	科技园区数量（个）	集聚高新技术企业的产业园区
	产业技术创新联盟数（个）	反映产学研合作水平
	对外合作项目数（项）	企业与高等学校、科研院所及其他企业联合开展的科技项目数
	国家认定企业技术中心数量（个）	在国民经济主要产业中技术创新能力较强、创新业绩显著、具有重要示范作用的企业技术中心
	国家重点实验室数量（个）	中华人民共和国有关国家部门和国际组织认定认证的，仍在有效期内的实验室、检测中心的数量
	国家工程技术研究中心数量（家）	为适合企业规模生产提供成熟配套的技术工艺和技术装备，并不断地推出具有高增值效益的系列新产品
	生产力促进中心数量（家）	非营利性的科技服务实体，以中小企业和乡镇企业为主要服务对象
	科技企业孵化器数量（家）	培育和扶植高新技术中小企业的服务机构
产出能力	高新技术成果转化率（%）	高新技术成果转化数÷高科技成果总数×100%
	高新技术企业总产值（千元）	反映技术成果转化方面的指标
	应用技术成果（项）	反映技术成果转化效率
	技术市场成交合同金额（亿元）	针对技术开发、技术转让、技术咨询和技术服务类合同的成交额

（续表）

一级指标	二级指标	指标解释
	新产品销售收入（亿元）	经政府有关部门认定并在有效期内的新产品，也包括企业自行研制开发，未经政府有关部门认定，从投产之日起一年之内的新产品
	信息产业工业总产值占GDP 的比例（%）	区域信息产业工业总值÷区域 GDP×100%
	拥有的全部有效发明专利数（项）	反映区域企业及科技活动人员的创新效率
	完成新产品、新技术、新工艺开发项目数（项）	企业完成（结题）的新产品开发项目数、新技术项目数、新工艺开发项目数之和
	最近 3 年主持和参加制定的国际、国家和行业标准数（项）	企业在报告年度、报告年度前 1 年、报告年度前 2 年主持或参与制定，目前仍有效执行的国际、国家、行业标准的数量
	获国家自然科学、技术发明、科技进步奖项目数（项）	区域内企业获得国家自然科学奖、国家技术发明奖和国家科技进步奖的项目总数
	商标注册量（件）	反映载体成果在自主知识产权产品发展方面的指标

6.6　基础服务支撑指标库

本类可选指标主要基于智能制造政策体系、基础服务质量评价[135-137]、生产性服务业与智能制造业融合评价[138-142]、区域间智能制造资源协同发展评价[101,143-145]、区域制造业协同评价[146-148]的理论研究，以及制造强国示范区评价实践经验来构建（见表 6-6）。

表 6-6　基础服务支撑指标库

一级指标	二级指标	指标解释
政府支持	物联网产业发展专项资金（亿元）	区域对物联网产业发展的无偿补助、奖励、贷款贴息总和

（续表）

一级指标	二级指标	指标解释
	智能制造装备发展专项基金(亿元)	区域对企业智能制造装备的无偿补助、奖励、贷款贴息总和
	省(市)级政府性基金预算支出(亿元)	反映本省(市)级专项基金的投入情况
	地方财政金融监管支出(亿元)	反映地方政府市场监管情况的指标
	工业转型升级资金对地方的补助(万元)	反映中央对地方工业转型升级资金投入的情况
	中央引导地方科技发展专项资金预算(万元)	反映中央支持和引导地方科技事业发展、改善地方科研单位工作条件、提高地方科学普及水平等情况的指标
	强基工程专项补助(亿元)	区域对企业项目的仪器仪表、设备及软硬件工具、信息资料的购置更新、相关配套设施的建设与改造、试验费、材料费、燃料动力费等支出
	采购装备实施生产自动化提升改造项目补助(亿元)	采购先进装备、智能制造系统等
	机器人生产扶持(亿元)	对工业机器人本体制造项目、高端服务机器人及机器人关键零部件等的资金扶持
	信息化与工业化深度融合示范项目奖励(亿元)	实施企业管理信息化集成、"互联网＋"、产品智能化、大数据、云计算和物联网等应用的示范项目
	智能制造解决方案示范项目奖励(亿元)	对开展智能化改造、机器人应用等关键技术、共性技术攻关、实现产业化的智能制造解决方案的示范项目的奖励
	物联网公共平台建设资助百分比(%)	对物联网公共服务平台建设项目按实际投资额的百分比给予资助
	智能制造公共服务项目补助	对评审区域内企业开展智能制造、"互联网＋"、信息化和工业化深度融合应用推广、技术服务和人才培训等公共服务单位的补助
公共服务	工业互联网平台建设	包括工业互联网平台、工业互联网平台试验验证、百万家企业上云、百万工业 App 等
	无线网络覆盖率(%)	反映一个城市网络基础设施的发展水平,也是衡量城市运行效率、信息化程度以及竞争水平的重要标志

（续表）

一级指标	二级指标	指标解释
	光纤接入覆盖率(%)	反映城市建设水平,是以物联网为代表的智慧城市的重要参考指标
	智能电网技术和装备应用	定性,反映一个城市基础设施完善程度的重要指标
	公共图书馆藏书量(万册/件)	反映文化建设水平的指标
	高速公路占总公路里程比重(%)	区域高速公路总里程÷区域总公路里程×100%
	四级及以上等级公路里程(公里)	反映区域功能型公路建设情况
	铁路、公路、水路固定资产投资(亿元)	反映区域推进交通强国的实施情况
	公共交通车辆运营数(辆)	反映城市公共交通基础设施情况
	城市排水管道长度(公里)	反映城市排水设施情况
	道路长度(公里)	反映区域功能型公路建设情况
	城市基础设施投资额(亿元)	反映城市基础设施建设水平
工业基础	核心基础零部件自给率(%)	反映工业软硬件产品的自主可控能力
	先进基础工艺自给率(%)	集成电路制造、精密及超精密加工、轻量化材料精密成形、增材制造等的工艺自给率
	关键基础材料自给率(%)	支持新一代信息技术和产品用高端材料、特种陶瓷等材料的自给率
	产业技术基础自给率(%)	新型材料、大数据、航空轴承等的自给率
社会保障	地方财政社会保障和就业支出(亿元)	反映社会保障和就业支出的投入程度
	城镇职工失业保险覆盖率(%)	享受城镇职工失业保障的人数÷社会劳动者人数
	城镇职工基本养老保障人数(万人)	反映社会养老水平
	参加失业保险人数(万人)	反映社会基础保障水平
	地方财政住房保障支出(亿元)	反映社会基础保障水平
	人均保障待遇水平比率(%)	反映社会保障待遇水平

（续表）

一级指标	二级指标	指标解释
	万人服务网络数和投诉率(%)	反映社会服务水平
	社会保障制度效率(%)	社会保障支出每增加1个百分点所对应的社会保障制度功能目标实现程度增加的百分点
	社会保障制度经济效率(%)	社会保障支出每增加1个百分点对应的人均GDP增加的百分点
	社会保障制度满意度	定性,反映人们对目前社会保障制度、保障程度、运行状况及其公平性等方面的满意程度
人才资源	工业年末从业人员(万人)	反映工业企业用人规模
	信息化人才(万人)	信息传输、计算机服务行业人数
	高等院校科技活动人员(人)	反映该地区高端科技人才情况
	科学家和工程师(万人)	反映该地区高端科技人才情况
	人才效能系数	区域人才总量÷区域人均GDP
	人才流动结构	区域人才流入量÷区域人才流出量
	人才供需利率(%)	区域人才总供给量÷区域人才总需求量×100%
	人才密度指数	区域局部人才密度÷区域整体人才密度
	人力资本(%)	高技术产业研发人员数量÷工业平均用工人数×100%
	就业率(%)	反映劳动力就业程度的指标
	制造业城镇单位就业人员(万人)	反映制造业用人情况的指标
	制造业私营企业和个体就业人员(万人)	反映制造业私营企业和个体用人规模的指标
教育资源	生均学校产权校舍建筑面积(平方米)	区域学校产权校舍建筑面积÷区域学生总人数×100%
	普通高等院校教职工数(万人)	反映区域教师规模的指标
	平均每万人口在校学生数	反映区域学生规模的指标
	生均固定资产(元)	区域学校固定资产÷区域学生总人数×100%
	生均教科研仪器设备价值(元)	区域教科研仪器设备价值÷区域学生总人数×100%
	人均教育经费增长率(%)	区域教育经费的增长总量÷区域人口的数量×100%

（续表）

一级指标	二级指标	指标解释
	地方财政教育经费支出（亿元）	区域的教育事业费、基建经费和教育费附加
	财政性教育经费占生产总值比例（%）	区域财政性教育经费÷区域生产总值×100%
	普通高等院校数量（所）	反映区域教育基础设施建设水平的指标
资本要素	经济增长资本贡献率（%）	反映资本对经济总量增长的影响
	科技进步资本弹性	反映资本对科技进步的影响
	劳动就业资本弹性	反映资本对劳动就业的影响
技术要素	科技经费（亿元）	反映区域科学技术投入能力
	高技术产业引进技术消化吸收经费支出（亿元）	反映区域技术引进情况
	技术改造贷款（万元）	反映区域的科技创新环境
	科学技术支出占地方财政的比重（%）	区域政府科学技术支出÷区域地方财政收入×100%
协同发展	万元 GDP 能耗（吨标准煤/万元）	总能耗÷GDP
	万元 GDP 水耗（立方米/万元）	总水耗÷GDP
	人均 GDP（元）	GDP÷区域总人口
	城镇化指数	建成区面积÷区域面积
	工业污染指数	（$0.4×SO_2$ 排放量＋$0.2×$固废排放量＋$0.4×COD$ 排放量）÷区域面积
	工业废水达标率（%）	工业废水排放达标率
	规模经济（万元）	工业产值÷地区总产值
	产业就业比重（%）	工业就业人数÷全国劳动力人数×100%
	产业外向度（%）	工业进出口总额÷工业总产值×100%
	电子信息制造业员工平均营业收入（元）	电子信息制造业主营业务收入÷员工数量
	信息化发展指数	反映信息化发展总体水平
	两化融合指数	反映信息化和工业化融合发展总体水平
	工业总产值指数	反映某一时期工业经济的景气状况和发展趋势
	智能制造就绪度	反映智能制造发展总体水平
	所在省（区）支持城市群创建示范区的工作机制情况	定性，考察省级政府主体责任及推动实施机构落实情况

（续表）

一级指标	二级指标	指标解释
结构优化	城市间产业协同发展水平	定性，考察城市间统筹布局、城市群主导产业协同创新、全产业链协同发展水平等情况
	各城市引导本地产业差异化发展工作情况	定性，考察各城市在强化城市间产业协同的同时，是否针对自身特点，明确改革创新、先行先试方面的具体措施
	工业技术改造投资占工业投资比重（%）	区域规模以上工业技术改造投资总费用÷区域规模以上投资总费用×100%
	数字化研发设计工具普及率（%）	区域应用数字化研发设计工具的规模以上企业总量÷区域规模以上企业总数量×100%
	关键工序数控化率（%）	区域规模以上工业企业关键工序数控化率的平均值
	开展服务型制造的企业比例（%）	区域规模以上服务型制造企业数量总和÷区域规模以上制造业数量总和×100%
	开展个性化定制的企业比例（%）	区域规模以上个性化定制企业数量总和÷区域规模以上制造业数量总和×100%
	工业云平台应用率（%）	区域规模以上工业云平台企业用户数÷区域规模以上企业总数量×100%

第7章
区域智能制造先行度综合评价

本章将构建区域智能制造先行度综合评价指标体系,并引入基于非可加测度的综合评价方法,充分考虑评价准则间的关联交互作用,对 16 个相关省份的指标数据进行汇总,最终获得各区域的智能制造先行度综合评价结果。

7.1　区域智能制造先行度综合评价指标体系

结合前述区域智能制造发展评价的相关理论研究和实践经验、可选指标库,以及数据的可获取与可靠性,本书构建了区域(省市)智能制造先行度评价指标体系(见表 7 - 1)。

表 7 - 1　区域(省市)智能制造先行度评价指标体系

一级指标	二级指标	数据来源
智能集成创新	区域智能制造就续率	《中国两化融合发展数据地图(2018)》
	区域综合集成指数	《中国两化融合发展数据地图(2018)》
	区域协同与创新指数	《中国两化融合发展数据地图(2018)》
两化融合推进	国家级贯标试点企业数量	《两化融合管理体系工作简报(2020 年第 5 期)》
	生产设备数字化率	《中国两化融合发展数据地图(2018)》
	数字化研发设计工具普及率	《中国两化融合发展数据地图(2018)》

（续表）

一级指标	二级指标	数据来源
	关键工序数控化率	《中国两化融合发展数据地图（2018）》
	关键业务环节全面信息化的企业比例	《中国两化融合发展数据地图（2018）》
试点示范引领	2018年智能制造试点示范项目数量	工业和信息化部网站
	2019年中国新互联网企业——智能制造企业 TOP 100企业数量	2019年《互联网周刊》&eNet研究院
	2019年中国智能制造企业100强企业数量	《中国智能制造百强发展与趋势白皮书》
标准体系构建	《国家智能制造标准体系》所列标准的参与起草数量	中国标准在线服务网
	工业互联网联盟委员会成员数量	中国工业互联网联盟
发展载体培育	2018—2019年工业互联网试点示范项目数量	工业和信息化部网站
	2017—2019年制造业与互联网融合发展试点示范入选项目数量	工业和信息化部网站
	2017—2019年制造业"双创"平台试点示范项目数量	工业和信息化部网站
	2019年中国装备制造业100强企业数量	中国制造企业协会
基础服务支撑	区域高校整体实力	2020年软科中国大学排名前200高校
	2020年大数据产业发展试点示范项目数量	工业和信息化部网站
	2016—2019年国家技术创新示范企业数量	工业和信息化部网站
	2020年1—4月快递物流业收入	中商产业研究院

　　该指标体系由智能集成创新、两化融合推进、试点示范引领、标准体系构建、发展载体培育、基础服务支撑6个一级指标，以及区域智能制造就续

率、区域综合集成指数、区域协同与创新指数、国家级贯标试点企业数量、生产设备数字化率、数字化研发设计工具普及率、关键工序数控化率等 21个二级指标构成。

智能集成创新包含区域智能制造就绪率、区域综合集成指数、区域协同与创新指数 3 个二级指标，均取自两化融合服务联盟和国家工业信息安全发展研究中心编制的《中国两化融合发展数据地图（2018）》。区域智能制造就绪率是指初步具备智能制造基础条件的规模以上工业企业占全部规模以上工业企业的比例，其智能制造就绪包括关键工序数控化率达到50%，且管控集成和产供销集成已基本实现。该类企业底层装备数控化程度高，管理信息化与底层自动化之间以及内部供应链上采购、生产、销售、库存、财务等环节间实现了集成，已开始向智能工厂或智慧企业迈进。综合集成指数主要评估企业跨部门、跨业务环节的业务综合和集成情况，主要从企业管理的视角来衡量两化融合环境下企业内多业务综合集成和融合的水平与能力。协同与创新指数主要评估跨企业的业务协同和发展模式创新情况，从企业价值链角度衡量两化融合环境下企业间业务协同、创新和融合的水平与能力。

两化融合推进包括国家级贯标试点企业数量、生产设备数字化率、数字化研发设计工具普及率、关键工序数控化率、关键业务环节全面信息化的企业比例 5 个二级指标，分别取自《两化融合管理体系工作简报（2020年第 5 期）》和《中国两化融合发展数据地图（2018）》。国家级贯标试点企业数量是指各省市、主要行业、央企集团国家级贯标试点企业数量，根据工业和信息化部自 2014 年以来遴选确定的两化融合管理体系贯标试点企业数据计算，统计日期截至 2020 年 5 月 31 日。生产设备数字化率是指规模以上工业企业数字化生产设备数量占生产设备总数量的比例均值，其中，数字化生产设备包括流程行业中具备自动信息采集功能的单体设备，以及离散行业中的数控机床、数控加工中心、工业机器人、带数据接口的机电一体化设备等。数字化研发设计工具普及率是指规模以上工业企业中利用数字化的工具去搞研发设计的企业所占比例。关键工序数控化率是指规模以上工业企业关键工序数控化率均值，其中流程行业关键工序数控化率是指关键工序中过程控制系统的覆盖率，而离散行业关键工序数控化率是指关键工序中数控系统的覆盖率。关键业务环节全面信息化的企业比例是指规模以上工业企业中关键业务环节全面信息化的企业所占比例。

试点示范引领包括 2018 年智能制造试点示范项目数量、2019 年中国新互联网企业——智能制造企业 TOP100 企业数量、2019 年中国智能制造企业 100 强企业数量 3 个指标,分别取自工业和信息化部网站、2019 年《互联网周刊》&eNet 研究院、《中国智能制造百强发展与趋势白皮书》公开发布的成果。2018 年智能制造试点示范项目是工业和信息化部根据《智能制造发展规划(2016—2020 年)》和《智能制造工程实施指南(2016—2020 年)》的要求,重点围绕 5 种智能制造模式,鼓励新技术集成应用,经各地方工业和信息化主管部门推荐、专家评审和网上公示等程序最终确定出的相关试点示范项目。2019 年中国新互联网企业——智能制造企业 TOP100 企业数量是由 2019 年《互联网周刊》&eNet 研究院进行选择排行,于 2019 年 9 月 11 日在由中国企业报集团、中国科学院《互联网周刊》、桐乡市人民政府主办的互联网经济论坛上发布。2019 年中国智能制造企业 100 强企业取自法国里昂商学院联合华中科技大学、武汉商学院和武汉钢铁研究所完成的《中国智能制造百强发展与趋势白皮书》。该百强榜单是从 15 145 家企业中选出的中国智能制造企业 100 强,是在智能制造领域对行业和国家创新具有贡献的优质企业。

标准体系构建主要包括《国家智能制造标准体系》所列标准的参与起草数量、工业互联网联盟委员会成员数量 2 个指标,分别取自中国标准在线服务网和中国工业互联网联盟的公开资料。智能制造标准体系各指标起草单位数量是在中国标准在线服务网(https://www.spc.org.cn/)中对《国家智能制造标准体系建设指南(2018 年版)》所列出的《智能制造基础共性标准和关键技术标准》的起草单位进行逐项查询汇总而得。工业互联网联盟委员会成员数量是依据工业互联网联盟公开公布的其成员构成进行汇总而得,该联盟旨在促进相关主体之间的交流和深度合作,促进供需对接和知识共享,形成优势互补,有效推进工业互联网产业发展,切实解决企业现实问题。该联盟接受工业和信息化部业务指导,挂靠单位是中国信息通信研究院。该联盟的主要任务是开展工业互联网总体、需求、网络、平台、安全、产业、应用等架构及技术研究,以及工业互联网标准规范前期研究及标准化推进。

发展载体培育包括了 2018—2019 年工业互联网试点示范项目数量、2017—2019 年制造业与互联网融合发展试点示范入选项目数量、2017—2019 年制造业"双创"平台试点示范项目数量、2019 年中国装备制造业 100 强企业数量 4 个指标,分别取自工业和信息化部网站和中国制造企业协会公布的数据。2018—2019 年工业互联网试点示范项目数量来自工业和信息化部根据《工业和信息化部办公厅关于开展 2018 年工业互联网试点示范项目推荐的通知》(工信厅信管函〔2018〕306 号)、《工业和信息化部办公厅关于开展 2019 年工业互联网试点示范项目推荐工作的通知》(工信厅信管函〔2019〕238 号),经企业自主申报、地方推荐、专家评审、现场核查和网上公示等程序最终确定的工业互联网试点示范项目名单。2017—2019 年制造业与互联网融合发展试点示范入选项目数量来自工业和信息化部根据《国务院关于深化制造业与互联网融合发展的指导意见》(国发〔2016〕28 号)等文件,经企业自主申报、地方推荐和专家评审等程序最终确定的试点示范项目名单。2017—2019 年制造业"双创"平台试点示范项目数量来自工业和信息化部根据《国务院关于深化制造业与互联网融合发展的指导意见》(国发〔2016〕28 号),经企业自主申报、地方推荐、专家评审、网上公示等环节最终确定的试点示范项目名单。2019 年中国装备制造业 100 强企业数量是依据中国制造企业协会发布的 2019 年中国装备制造业 100 强榜单汇总整理。

基础服务支撑包括区域高校整体实力、2020 年大数据产业发展试点示范项目数量、2016—2019 年国家技术创新示范企业数量、2020 年 1—4 月快递物流业收入 4 个二级指标,分别取自 2020 年软科中国大学排名、工业和信息化部网站、中商产业研究院公布的数据。区域高校整体实力是依据 2020 年软科中国大学排名前 200 高校评价值分区域相加得到。2020 年大数据产业发展试点示范项目数量来自工业和信息化部依据《国务院关于印发促进大数据发展行动纲要的通知》(国发〔2015〕50 号)和《大数据产业发展规划(2016—2020 年)》(工信部规〔2016〕412 号)等文件,经各单位推荐、专家组评审、网上公示等环节最终确定的试点示范项目名单。

2016—2019 年国家技术创新示范企业数量来自工业和信息化部依据《技术创新示范企业认定管理办法(试行)》(工信部联科〔2010〕540 号)等文件审核确定的相应企业名单。2020 年 1—4 月快递物流业收入来自中商产业研究院公布的资料数据。

7.2　区域智能制造先行度综合评价方法

综合评价方法帮助评价者对各候选方案进行选择、排序、分类,通常需要通过集成函数来融合各准则上的评价值或偏好关系生成综合评价值或偏好关系[149]。

在综合评价分析与多准则决策分析领域,应用最为广泛的集成函数是加权算术平均。以加权算术平均等基于经典可加测度的线性集成算子来融合各准则的评价信息,其假设前提是各决策准则相互独立、互不依赖[150]。但是由于社会经济环境的日益复杂性,决策者在选择最佳或满意方案时,已不再依据单一的准则,而必须均衡考虑多种相互关联,甚至是相互制约、矛盾的因素[151]。

基于非可加测度和非线性积分的综合评价模式是处理基于关联准则的综合评价问题的有效途径之一[152]。非可加测度,拓展自经典可加测度(即决策准则的权重向量),以基于集合包含关系的单调性约束替代经典测度的可加性的刚性约束,可以柔性描述决策准则间任意(互补、冗余、独立)关联关系[153]。非可加测度可以通过默比乌斯表示和 Shapley 交互作用指标等形式的集函数来等价表示[154]。Shapley 交互作用指标具有很好的公理化特性,合理地描述了决策准则间交互作用的程度[155]。同时,拓展自经典勒贝格积分(即基于决策准则权重向量的加权算术平均算子)的非线性积分,包括 Choquet 积分、Sugeno 积分、Pan 积分等诸多形式,可以灵活有效地集成关联决策与评价信息[156]。Choquet 积分因具有很好的公理化特性和集成函数性质,被广泛采纳并应用于多准则决策与综合评价理论与实践中[157]。

7.2.1　非可加测度与非线性积分

设 $X = \{x_1, \cdots, x_n\}$ 为包含 n 个元素的非空有限集合,其幂集记为 $P(X)$, X 的任意子集 $S \subset X$(包括空集 $\varnothing$ 和全集 X)的势记为 $|S|$, $\mathbf{R}$ 表示实数集。

定义 7.1[149,158]:称非空有限集 X 上的集函数 μ: $P(X) \to [0, 1]$ 为非可加测度,或称模糊测度,或称 Choquet 容度,若满足下列条件:

(1) $\mu(\varnothing) = 0$, $\mu(X) = 1$(边界条件)

(2) $S, T \subset X$,则 $S \subset T \Rightarrow \mu(S) \leqslant \mu(T)$(单调性约束)

称非空有限集 X 上的非可加测度为:

(1) 可加的,如果对任意两不交子集 $S, T \subset X$,有 $\mu(S \cup T) = \mu(S) + \mu(T)$。

(2) 次可加的,如果对任意两不交子集 $S, T \subset X$,有 $\mu(S \cup T) \leqslant \mu(S) + \mu(T)$。

(3) 超可加的,如果对任意两不交子集 $S, T \subset X$,有 $\mu(S \cup T) \geqslant \mu(S) + \mu(T)$。

(4) 模糊可加的,如果对任意两子集 $S, T \subset X$,有 $\mu(S \cup T) = \mu(S) \stackrel{.}{\cup} \mu(T)$。

(5) 基于势的(对称的),如果对任意 $S \subset X$, $\mu(S)$ 的测度值只与 $|S|$ 有关。

显然,非可加测度是正规单调集函数,且空集的函数值为零。从决策分析的角度来看对于准则集 X 的任意子集 S,非可加测度值 $\mu(S)$ 可以解释为集合 S 的权重或重要性,单调性则意味着子集的权重不能因为新准则的加入而降低。可以看出,"非可加"的含义就是"不一定是可加的"。在有限准则集上,满足可加性的非可加测度的即为经典概率测度,这时非可加测度即退化为权重向量。满足次可加的非可加测度则意味着决策准则间全部存在冗余关系。相反的,满足超可加的非可加测度意味着决策准则间全部存在互补关系。模糊可加是一种特殊次可加关系。基于势的非可加测度则意味每个决策准则的重要程度都一样,每个准则与其他准则的交互作用也都一样,每个准则没有明显区别于其他准则的特征,这种测度可应用于表述匿名决策的情形。

定义 7.2[149,159]：非空有限集 X 上的任意集函数 $v: \text{P}(X) \to R$ 的默比乌斯表示，记为 m，定义为：

$$m(S) = \sum_{T \subset S} (-1)^{|S|-|T|} v(T), \ \forall S \subset X \tag{7-1}$$

相应的，

$$v(S) = \sum_{T \subset S} m(T), \ \forall S \subset X \tag{7-2}$$

定义 7.3[149,159]：非空有限集 X 上的任意集函数 $v: \text{P}(X) \to R$ 的 Shapley 交互作用指标表示，记为 I_{Sh}，定义为：

$$I_{\text{Sh}}(S) = \sum_{T \subset X \backslash S} \frac{(|X|-|T|-|S|)! \ |T|!}{(|X|-|S|+1)!} \sum_{L \subset S} (-1)^{|S|-|L|} v(L \cup T),$$
$$\forall S \subset X \tag{7-3}$$

相应的，

$$v(S) = \sum_{T \subset X} \beta_{|S \cap T|}^{|T|} I_{\text{Sh}}(T), \ \forall S \subset X \tag{7-4}$$

其中，$\beta_k^l = \sum_{j=0}^{k} \binom{k}{l} B_{l-j}$，$B_k = -\sum_{l=0}^{k-1} \frac{B_l}{k-l+1} \binom{k}{l}$，$k > 0$，$B_0 = 1$

上述定义中，B_k（$k = 0, 1, 2, \cdots, n$）被称为伯努利数。由此定义可见，Shapley 交互作用指标表示的逆变换较为复杂，在实际应用中常常以默比乌斯表示为桥梁，实现其与非可加测度值之间的转换。

集函数的默比乌斯表示与 Shapley 交互作用指标表示有如下关系[159]：

$$I_{\text{Sh}}(S) = \sum_{T \supset S} \frac{1}{|T|-|S|+1} m(T) \tag{7-5}$$

$$m(S) = \sum_{T \supset S} B_{|T|-|S|} I_{\text{Sh}}(T) \tag{7-6}$$

根据默比乌斯表示、Shapley 交互作用指标表示与非可加测度的相应变换及其逆变换形式，以及非可加测度的边界条件与单调性约束条件，可以分别得到集函数的默比乌斯表示、Shapley 交互作用指标表示对应于一个非可加测度的充要条件。

定理 7.1[149,159]：集函数 m：$P(X) \rightarrow R$ 是集合 X 上的某一非可加测度的默比乌斯表示，当且仅当：

(1) $m(\varnothing) = 0$，$\sum_{S \subset X} m(S) = 1$（边界条件）

(2) $\sum_{x_i \in T \subset S} m(T) \geqslant 0$，$\forall S \subset X$，$\forall x_i \in S$（单调性约束）

定理 7.2[149,159]：集函数 I_{Sh}：$P(X) \rightarrow R$ 是集合 X 上的某一非可加测度的 Shapley 交互作用指标表示，当且仅当：

(1) $\sum_{S \subset X} B_{|S|} I_{\mathrm{Sh}}(S) = 0$，$\sum_{x_i \in X} I_{\mathrm{Sh}}(\{x_i\}) = 1$（边界条件）

(2) $\sum_{S \subset X \setminus \{x_i\}} \beta_{|S \cap T|}^{|S|} I_{\mathrm{Sh}}(S \cup \{x_i\}) \geqslant 0$，$\forall x_i \in X$，$\forall T \subset X \setminus \{x_i\}$（单调性约束）

其中，$\beta_k^l = \sum_{j=0}^{k} \binom{k}{l} B_{l-j}$，$B_k = -\sum_{l=0}^{k-1} \dfrac{B_l}{k-l+1} \binom{k}{l}$，$k > 0$，$B_0 = 1$。

在非可加测度论中，默比乌斯表示在定义 k 序可加测度、Choquet 积分性质研究与计算、非可加测度确定方法的建模等方面发挥着关键的作用。Shapley 交互作用指标则被用于描述决策准则间的交互作用，在实际决策分析中被普遍接受和广泛应用。

非线性积分，或称模糊积分，是基于非可加测度的各种积分的统称[149]。具体形式主要包括：Choquet 积分[158]、Sugeno 积分[160]、Pan 积分[161]、对称 Sugeno 积分[162]、（N）模糊积分[163]、类 Choquet 积分[164]、Upper 积分[161]、Lower 积分[165]、可能性积分[153]、基于集合划分的非线性积分[153]、广义勒贝格积分[166]、通用积分[167]等。Choquet 积分是传统的加权算术平均算子、有序加权平均算子的合理拓展，应用最为广泛[149,168]。

定义 7.4[149,158]：设 μ：$P(X) \rightarrow [0,1]$ 为非空有限集 X 上的非可加测度，函数 f：$X \rightarrow R$ 关于非可加测度 μ 的（离散）Choquet 积分定义为：

$$(C)\int f \mathrm{d}\mu = \sum_{i=1}^{n} [f(x_{(i)}) - f(x_{(i-1)})] \mu(X_{(i)}) \qquad (7-7)$$

或等价表示为：

$$(C)\int f\mathrm{d}\mu = \sum_{i=1}^{n}\big[\mu(X_{(i)}) - \mu(X_{(i+1)})\big]f(x_{(i)}) \tag{7-8}$$

其中,$(.)$ 为集合 X 上一个置换,使得 $f(x_{(1)}) \leqslant \cdots \leqslant f(x_{(n)})$,$f(x_{(0)}) = 0$,$X_{(i)} = \{x_{(i)}, \cdots, x_{(n)}\}$,$X_{(n+1)} = \varnothing$。

Choquet 积分是对经典的勒贝格积分的拓展。当 μ 为可加的,Choquet 积分退化为勒贝格积分。离散形式的 Choquet 积分还可以等价表述为默比乌斯表示形式:

$$(C)\int f\mathrm{d}\mu = \sum_{S\subset X}m(S)\mathop{\dot{\mathrm{U}}}_{x_i\in S}f(x_i)。 \tag{7-9}$$

其中,m 是非可加测度 μ 的默比乌斯表示形式。

利用非可加测度描述决策准则的重要性以及准则间的交互作用,需要对每个决策准则子集进行赋值。对于涉及 n 个准则的决策问题,除空集与决策准则全集的测度值分别为 0 与 1 外,还需要对其余 $2^n - 2$ 个决策准则子集的测度值进行赋值。这一赋值过程的指数级复杂度极大限制了非可加测度的实际应用能力。为了合理有效地减少所需确定参数的数量,学者们提出了可分解测度、k 序可加测度、p 对称测度、k 宽容与 k 不宽容测度等特殊类型的非可加测度。而在诸多类型的非可加测度中,k 序可加测度尤其是 2 序可加测度被广泛接受并应用于关联多准则决策与综合评价理论与实践中。

定义 7.5[159]:设 $k\in\{1, \cdots, n\}$。非空有限集 X 上的非可加测度 μ 称为 k 序可加的,如果它的默比乌斯表示形式对 $\forall S\subset X$ 且 $|S|>k$ 有 $m(S) = 0$,并且至少存在一个子集 T,$|T| = k$,使得 $m(T) \neq 0$。

对于 k 序可加测度,只需要确定势小于等于 k 的集合的默比乌斯表示的值,再通过默比乌斯表示与非可加测度的转换关系,即可确定所有子集的测度值。因此,确定包含 n 个准则的决策准则集上的一个 k 序可加测度,最多需要 $\sum_{i=1}^{k}\binom{n}{i}\leqslant 2^n$ 个参数。比如,当 $k = 1$ 时,只需要确定 n 个参数;当 $k = 2$ 时,2 序可加测度需要确定 $[n(n+1)]/2$ 个参数。随着 k 的增加,非可加测度的参数也越多,其表现能力就越强。随着 k 值从 1 到 n 的变化,k 序可加测度可以覆盖非空有限集 X 上任意复杂度的非可加测度。

由默比乌斯表示与非可加测度的转换关系,不难验证,1序可加测度就是经典的可加测度。而对于2序可加测度有以下式子成立[159,149]:

$$\mu(\{x_i\}) = m(\{x_i\})(i = 1, \cdots, n) \tag{7-10}$$

$$\mu(\{x_i, x_j\}) = m(\{x_i\}) + m(\{x_j\}) + m(\{x_i, x_j\})$$
$$(i, j = 1, \cdots, n \text{ 且 } i \neq j) \tag{7-11}$$

$$\mu(S) = \sum_{x_i \in S} m(\{x_i\}) + \sum_{\{x_i, x_j\} \subset S} m(\{x_i, x_j\}) \tag{7-12}$$

$$= \sum_{\{x_i, x_j\} \subset S} \mu(\{x_i, x_j\}) - (|S| - 2) \sum_{x_i \in S} \mu(\{x_i\}),$$
$$S \subset X \text{ 且 } |S| > 2 \tag{7-13}$$

因此,2序可加测度也可以完全由其单个准则的测度值 $\mu(\{x_i\})$ 以及所有准则对的测度值 $\mu(\{x_i, x_j\})$ 来确定。k 序可加测度最多只考虑 k 个决策准则间的整体交互作用,而假定大于 k 个决策准则间的整体交互作用为零。需要指出的是,2序可加测度只涉及准则的重要性和两个准则间的交互性,而忽略3个及以上的准则间的交互作用,很好地解决了复杂性和表现能力之间的矛盾,结构简单,表述灵活,在实际多准则决策分析中被广泛接受和普遍应用[149,152]。

2序可加测度的交互作用值与其默比乌斯表示之间有如下关系:

$$\begin{cases} I_i = m(\{x_i\}) + \dfrac{1}{2} \sum_{\{x_i, x_j\} \subset X} m(\{x_i, x_j\}) & (7-14) \\ I_{ij} = m(\{x_i, x_j\}) & (7-15) \end{cases}$$

以及

$$\begin{cases} m(\{x_i\}) = I_i - \dfrac{1}{2} \sum_{\{x_i, x_j\} \subset X} I_{ij} & (7-16) \\ m(\{x_i, x_j\}) = I_{ij} & (7-17) \end{cases}$$

7.2.2 基于MCCPI的非可加测度确定方法

多准则关联偏好信息(multicriteria correlation preference information,

MCCPI)是指由细化菱形比较法得出的一组二维偏好信息[169]。

由 Shapley 重要性及交互作用指标与非可加测度对应关系,可得:

$$I_1 + I_2 = 1 \tag{7-18}$$

$$I_1 - \frac{1}{2}I_{12} \geqslant 0 \tag{7-19}$$

$$I_2 - \frac{1}{2}I_{12} \geqslant 0 \tag{7-20}$$

$$I_1 + \frac{1}{2}I_{12} \geqslant 0 \tag{7-21}$$

$$I_2 + \frac{1}{2}I_{12} \geqslant 0 \tag{7-22}$$

以上约束限定了 I_1,I_2,I_{12} 三个参数的取值范围,可以看作是 Choquet 积分的定义域。此定义域可以用一个菱形来直观表示[170],如图 7-1 所示。

在图 7-1 中,将线段 OA 或者区间 $[0,1]$ 分成相等的 8 份,来表示两个准则间的 9 类相对重要性情形。

(1)准则 i 极端不重要于准则 j,当且仅当所选点的第一个坐标属于区间 $[0.00$,$0.125)$。

(2)准则 i 非常不重要于准则 j,当且仅当所选点的第一个坐标属于区间 $[0.125$,$0.25)$。

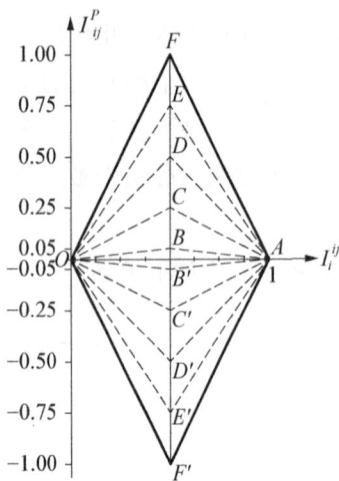

图 7-1 细化偏好菱形

(3)准则 i 比较不重要于准则 j,当且仅当所选点的第一个坐标属于区间 $[0.25$,$0.375)$。

(4)准则 i 稍微不重要于准则 j,当且仅当所选点的第一个坐标属于区间 $[0.375$,$0.50)$。

(5)准则 i 与准则 j 重要性相等,当且仅当所选点的第一个坐标是 0.50。

（6）准则 i 稍微重要于准则 j，当且仅当所选点的第一个坐标属于区间（0.50，0.625]。

（7）准则 i 比较重要于准则 j，当且仅当所选点的第一个坐标属于区间（0.625，0.75]。

（8）准则 i 非常重要于准则 j，当且仅当所选点的第一个坐标属于区间（0.75，0.875]。

（9）准则 i 极端重要于准则 j，当且仅当所选点的第一个坐标属于区间（0.875，1.00]。

为了确定两准则间的局部偏好值，可以将准则 i 和 j 之间的交互情形分成如下 9 类，如图 7 - 1 所示。

（1）交互作用几乎为零：所选点位于菱形 $OBAB'$ 内，其中，$O = (0.00, 0.00)$，$A = (1.00, 0.00)$，$B = (0.50, 0.05)$，$B' = (0.50, -0.05)$。

（2）存在较弱的正交互作用：所选点位于四边形 $OBAC$ 内，其中，$C = (0.50, 0.25)$。

（3）存在较强的正交互作用：所选点位于四边形 $OCAD$ 内，其中，$D = (0.50, 0.50)$。

（4）存在非常强的正交互作用：所选点位于四边形 $ODAE$ 内，其中，$E = (0.50, 0.75)$。

（5）存在极端强的正交互作用：所选点位于四边形 $OEAF$ 内，其中，$F = (0.50, 1.00)$。

（6）存在较弱的负交互作用：所选点位于四边形 $OB'AC'$ 内，其中，$C' = (0.50, -0.25)$。

（7）存在较强的负交互作用：所选点位于四边形 $OC'AD'$ 内，其中，$D' = (0.50, -0.50)$。

（8）存在非常强的负交互作用：所选点位于四边形 $OD'AE'$ 内，其中，$E' = (0.50, -0.75)$。

（9）存在极端强的负交互作用：所选点位于四边形 $OE'AF'$ 内，其中，$F' = (0.50, -1.00)$。

基于以上准则,决策者可以大致确定任意两个准则间的关系偏好信息 MCCPI。方便起见,I_i^{ij} 表示准则 i 相对于准则 j 的重要性程度,I_{ij}^P 表示准则 i 和 j 之间部分关联关系。经过 $\binom{n}{2}$ 次的二维成对比较,可以得到相对重要性矩阵和部分关联信息矩阵,分别设为:

$$R = [r_{ij}]_{n\times n} = [I_i^{ij}]_{n\times n} \text{ 和 } P = [p_{ij}]_{n\times n} = [I_{ij}^P]_{n\times n}$$

因为 $I_i^{ij} + I_j^{ij} = 1$,$I_{ij}^P = I_{ji}^P$,有 $r_{ij} + r_{ji} = 1$,$p_{ij} = p_{ji}$。一致起见,设定 $r_{ii} = \dfrac{1}{2}$,$i = 1, 2, \cdots, n$。

现在从相对重要性矩阵和部分关联信息矩阵中确定 2 序可加测度。设 μ 为 $N = \{1, 2, \cdots, n\}$ 上最终所求得的 2 序可加测度,I_i 和 I_{ij} (i,$j = 1, 2, \cdots, n\ i \neq j$) 分别是各准则的 Shapley 重要性程度和两准则间的 Shapley 交互作用指标。整体的确定过程可以描述如下:

$$R = [r_{ij}]_{n\times n} = \begin{bmatrix} \dfrac{1}{2} & I_1^{12} & \cdots & I_1^{1n} \\ I_2^{21} & \dfrac{1}{2} & \cdots & I_2^{2n} \\ \vdots & \vdots & \vdots & \vdots \\ I_n^{n1} & I_2^{n2} & \cdots & \dfrac{1}{2} \end{bmatrix} \rightarrow \begin{bmatrix} I_1 \\ I_2 \\ \vdots \\ I_n \end{bmatrix} \quad (7-23)$$

$$P = [p_{ij}]_{n\times n} = \begin{bmatrix} - & I_{21}^P & \cdots & I_{n1}^P \\ I_{21}^P & - & \cdots & I_{n2}^P \\ \vdots & \vdots & \vdots & \vdots \\ I_{n1}^P & I_{n2}^P & \cdots & - \end{bmatrix} \rightarrow \begin{bmatrix} - & I_{21} & \cdots & I_{n1} \\ I_{21} & - & \cdots & I_{n2} \\ \vdots & \vdots & \vdots & \vdots \\ I_{n1} & I_{n2} & \cdots & - \end{bmatrix}$$

$$(7-24)$$

如果相对重要性矩阵和部分关联信息矩阵都是"完全一致的",并且确定过程是"完全正确",可以得到如下 3 个等式:

$$r_{ij} = I_i^{ij} = \frac{I_i}{I_i + I_j} \quad (7-25)$$

$$r_{ji} = I_j^{ij} = \frac{I_j}{I_i + I_j} \tag{7-26}$$

$$p_{ij} = I_{ij}^P = \frac{I_{ij}}{I_i + I_j} \tag{7-27}$$

在式(7-25)、(7-26)和(7-27)中,左端表示了决策的偏好信息,右端则表示了有关2序可加测度的相关信息。在现实情况下,等式两端不可避免地存在一些偏差,即在决策者的关联偏好信息与最终2序可加测度之间存在着一些偏差。

如果用平方距离或者欧氏距离来衡量这些偏差,就可以构建如下基于最小二次方差原则的非线性规划模型,记为 LS-II:

$$(\text{LS-II}): \min Z_2 = \sum_{i \in N} \sum_{j \in N \setminus \{i\}} \left[\left(r_{ij} - \frac{I_i}{I_i + I_j} \right)^2 + \left(p_{ij} - \frac{I_{ij}}{I_i + I_j} \right)^2 \right] \tag{7-28}$$

$$\begin{cases} \sum_{i=1}^{n} I_i = 1 \\ I_i - \frac{1}{2} \sum_{j \in N \setminus A} I_{ij} + \frac{1}{2} \sum_{j \in A \setminus i} I_{ij} \geqslant 0, \ \forall A \subseteq N, \ \forall i \in A \\ I_{ij} = I_{ji} \\ i, j = 1, 2, \cdots, n (i \neq j) \end{cases}$$

其中,模型中的目标函数是式(7-25)、(7-26)和(7-27)中左右两端二次偏差的和。

因为:

$$\left(r_{ji} - \frac{I_j}{I_i + I_j} \right)^2 = \left(r_{ij} - \frac{I_i}{I_i + I_j} \right)^2 \text{ 和 } p_{ji} - \frac{I_{ji}}{I_j + I_i} = p_{ij} - \frac{I_{ij}}{I_i + I_j},$$

模型 LS-II 可以等价表述为 LS-II':

$$(\text{LS-II}'): \min Z_2 = 2 \sum_{i=1}^{n-1} \sum_{j>i}^{n} \left[\left(r_{ij} - \frac{I_i}{I_i + I_j} \right)^2 + \left(p_{ij} - \frac{I_{ij}}{I_i + I_j} \right)^2 \right] \tag{7-29}$$

$$\begin{cases} \sum_{i=1}^{n} I_i = 1(i = 1, 2, \cdots, n) \\ \mathbf{A}(I_1, I_{12}, I_{13}, \cdots, I_{1n})^{\mathrm{T}} \geqslant 0 \\ \mathbf{A}(I_i, I_{1i}, \cdots, I_{[i-1][i]}, I_{[i][i+1]}, \cdots, I_{in})^{\mathrm{T}} \geqslant 0(i = 2, 3, \cdots, n-1) \\ \mathbf{A}(I_n, I_{1n}, I_{2n}, \cdots, I_{[n-1][n]})^{\mathrm{T}} \geqslant 0 \end{cases}$$

其中，$\mathbf{A} = [a_{ij}]_{2^{n-1} \times n}$，$a_{ij} = 1$ if $j = 1$ 且 $a_{ij} = (-1)^{\text{bitget}[\text{dec2bin}(i-1), j-1]} \left(\dfrac{1}{2}\right)$ if $j = 2, 3, \cdots, n$，函数"bitget(a, k)"返回字符串 a 的第 k 位的值，函数"dec2bin(a)"返回数 a 的二进制表示并且作为一个字符串。显然，模型 LS-Ⅱ′包含了 $2^{n-1}n + 1$ 个约束条件。方便起见，记 $I = (I_1, I_2, \cdots, I_n, I_{12}, I_{13}, \cdots, I_{[n-1][n]})$。

由式(7-25)、(7-26)和(7-27)，可得：

$$r_{ij} = \frac{I_i}{I_i + I_j} \Rightarrow r_{ij}(I_i + I_j) = I_i \qquad (7-30)$$

$$r_{ji} = \frac{I_j}{I_i + I_j} \Rightarrow r_{ji}(I_i + I_j) = I_j \qquad (7-31)$$

$$p_{ij} = \frac{I_{ij}}{I_i + I_j} \Rightarrow p_{ij}(I_i + I_j) = I_{ij} \qquad (7-32)$$

因此，可构建如下基于最小二乘原则的非线性模型 LS-Ⅲ：

$$(\text{LS-Ⅲ}): \min Z_3 = \sum_{i \in N} \sum_{j \in N\{i\}} \{[r_{ij}(I_i + I_j) - I_i]^2 + [p_{ij}(I_i + I_j) - I_{ij}]^2\}$$

$$(7-33)$$

$$\begin{cases} \sum_{i=1}^{n} I_i = 1 \\ I_i - \dfrac{1}{2}\sum_{j \in N \backslash A} I_{ij} + \dfrac{1}{2}\sum_{j \in A \backslash i} I_{ij} \geqslant 0, \ \forall A \subseteq N, \ \forall i \in A \\ I_{ij} = I_{ji} \\ i, j = 1, 2, \cdots, n(i \neq j) \end{cases}$$

因为：

$$
\begin{aligned}
\left[r_{ji}(I_i + I_j) - I_j\right]^2 &= \left[(1 - r_{ij})(I_i + I_j) - I_j\right]^2 \\
&= \left[(I_i + I_j) - r_{ij}(I_i + I_j) - I_j\right]^2 \\
&= \left[I_i - r_{ij}(I_i + I_j)\right]^2 = \left[r_{ij}(I_i + I_j) - I_i\right]^2
\end{aligned}
$$

$$(7-34)$$

模型 LS-III 等价表述为 LS-III′：

$$(\text{LS-III}')：\min Z_3$$

$$= 2\sum_{i=1}^{n-1}\sum_{j>i}^{n}\left\{\left[r_{ij}(I_i + I_j) - I_i\right]^2 + \left[p_{ij}(I_i + I_j) - I_{ij}\right]^2\right\} \quad (7-35)$$

$$
\begin{cases}
\sum_{i=1}^{n} I_i = 1\ (i = 1,\ 2,\ \cdots,\ n) \\
\mathbf{A}(I_1,\ I_{12},\ I_{13},\ \cdots,\ I_{1n})^{\mathrm{T}} \geqslant 0 \\
\mathbf{A}(I_i,\ I_{1i},\ \cdots,\ I_{[i-1][i]},\ I_{[i][i+1]},\ \cdots,\ I_{in})^{\mathrm{T}} \geqslant 0\ (i = 2,\ 3,\ \cdots,\ n-1) \\
\mathbf{A}(I_n,\ I_{1n},\ I_{2n},\ \cdots,\ I_{[n-1][n]})^{\mathrm{T}} \geqslant 0
\end{cases}
$$

其中，$\mathbf{A} = [a_{ij}]_{2^{n-1} \times n}$ 等同于模型 LS-II。模型 LS-III′ 仍包含 $2^{n-1} n + 1$ 个线性约束条件。

此外，通过引入目标偏差变量，模型 LS-III′ 可以转化成一个线性规划模型。设 $r_{ij}(I_i + I_j) - I_i + d_{ij}^- - d_{ij}^+ = 0$，$p_{ij}(I_i + I_j) - I_{ij} + e_{ij}^- - e_{ij}^+ = 0$，其中，$d_{ij}^-$，$d_{ij}^+$，$e_{ij}^-$，$e_{ij}^+ \geqslant 0$ 为目标偏差变量。因此，基于最小绝对偏差准则，可得如下线性规划模型，记为 LP-I：

$$(\text{LP-I})：\min Z_4 = \sum_{i=1}^{n-1}\sum_{j>i}^{n}(d_{ij}^- + d_{ij}^+ + e_{ij}^- - e_{ij}^+) \quad (7-36)$$

$$
\begin{cases}
\sum_{i=1}^{n} I_i = 1\ (i = 1,\ 2,\ \cdots,\ n) \\
\mathrm{A}(I_1,\ I_{12},\ I_{13},\ \cdots,\ I_{1n})^{\mathrm{T}} \geqslant 0 \\
\mathbf{A}(I_i,\ I_{1i},\ \cdots,\ I_{[i-1][i]},\ I_{[i][i+1]},\ \cdots,\ I_{in})^{\mathrm{T}} \geqslant 0\ (i = 2,\ 3,\ \cdots,\ n-1) \\
\mathbf{A}(I_n,\ I_{1n},\ I_{2n},\ \cdots,\ I_{[n-1][n]})^{\mathrm{T}} \geqslant 0 \\
r_{ij}(I_i + I_j) - I_i + d_{ij}^- - d_{ij}^+ = 0 \\
p_{ij}(I_i + I_j) - I_{ij} + e_{ij}^- - e_{ij}^+ = 0
\end{cases}
$$

其中，$\mathbf{A}=[a_{ij}]_{2^{n-1}\times n}$ 等同于模型 LS-Ⅱ，d_{ij}^-，d_{ij}^+，e_{ij}^-，$e_{ij}^+\geqslant 0$。模型 LP-Ⅰ包含 $2^{n-1}n+2\binom{n}{2}+1$ 个约束条件。

模型 LP-Ⅰ本质上等同于如下非线性模型：

$$(\text{NP-Ⅰ}):\ \min Z_4'=\sum_{i=1}^{n-1}\sum_{j>i}^{n}[\,|\,r_{ij}(I_i+I_j)-I_i\,|+|\,p_{ij}(I_i+I_j)-I_{ij}\,|\,]\tag{7-37}$$

$$\begin{cases}\sum_{i=1}^{n}I_i=1(i=1,2,\cdots,n)\\ \mathbf{A}(I_1,I_{12},I_{13},\cdots,I_{1n})^{\mathrm{T}}\geqslant 0\\ \mathbf{A}(I_i,I_{1i},\cdots,I_{[i-1][i]},I_{[i][i+1]},\cdots,I_{in})^{\mathrm{T}}\geqslant 0(i=2,3,\cdots,n-1)\\ \mathbf{A}(I_n,I_{1n},I_{2n},\cdots,I_{[n-1][n]})^{\mathrm{T}}\geqslant 0\end{cases}$$

其中，$\mathbf{A}=[a_{ij}]_{2^{n-1}\times n}$ 等同于模型 LS-Ⅱ。

综上，可将基于 MCCPI 的 2 序可加测度确定方法的步骤总结如下：

第一步，得到 MCCPI 信息，即相对重要性矩阵和部分关联信息矩阵。

第二步，选择合适的模型（通常选择目标线性规划模型），得到最优解：$I^*=(I_1^*,I_2^*,\cdots,I_n^*,I_{12}^*,I_{13}^*,\cdots,I_{[n-1][n]}^*)$。

第三步，通过如下公式，得到相应的默比乌斯表示：

$$m_\mu^*(\{i\})=I_i^*-\frac{1}{2}\sum_{j\in N\backslash\{i\}}I_{ij}^*(\forall i\in \mathbf{N})\tag{7-38}$$

$$m_\mu^*(\{i,j\})=I_{ij}^*(\forall i,j\in \mathbf{N},i\neq j)\tag{7-39}$$

第四步，得到最终 2 序可加测度：

$$\mu^*(A)=\sum_{B\subseteq A}m_\mu^*(B)=\sum_{i\in A}m_\mu^*(\{i\})+\sum_{i,j\in A}m_\mu^*(\{i,j\})\,\text{for}\,\forall A\subseteq N\tag{7-40}$$

下面利用一数值算例来简单展示 MCCPI 方法的求解过程。假定决策者需要对表 7-2 所列的汽车进行排序（改编自文献[169]）。表 7-2 中第一行为汽车的品牌和类型，第二至五行为各车型在各准则上的评价值：

表 7-2　各车型在各准则上的评价值

	Car A	Car B	Car C	Car D	Car E	Car F	Car G
价格	0.153	0.065	0.823	0.941	0.675	0.876	0.922
加速时间	0.586	0.902	0.557	0.629	0.689	0.271	0.734
最大时速	0.483	0.854	0.493	0.521	0.472	0.277	0.712
耗油量	0.845	0.417	0.521	0.816	0.611	0.758	0.691

资料来源：WU J-Z, YANG S, ZHANG Q, DING S. 2-additive capacity identification methods from multicriteria correlation preference information [J]. IEEE Transactions on Fuzzy Systems, 2015, 23(6)：2094-2106.

①价格；②0 到 100 千米每小时的所需时间；③最大时速；④每公里油耗。

决策者认为：

准则 1 非常重要于准则 2，其间存在极端强的正交互作用。

准则 1 非常重要于准则 3，其间存在较强的正交互作用。

准则 1 稍微重要于准则 4，其间存在非常强的负交互作用。

准则 2 非常重要于准则 3，其间存在较弱的负交互作用。

准则 2 非常重要于准则 4，其间存在较强的负交互作用。

准则 4 非常重要于准则 3，其间存在较强的正交互作用。

经过 6 次二维成对比较，决策者通过细化菱形获得 MCCPI 信息，如图 7-2 所示。

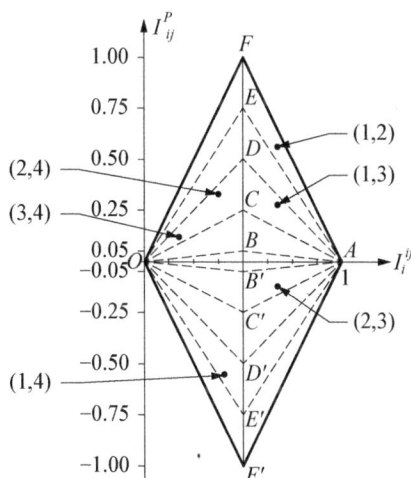

图 7-2　四个准则间二维决策者关联偏好信息

进而可以获得如下相对重要性矩阵和部分关联信息矩阵：

$$R = \begin{bmatrix} 0.500 & 0.667 & 0.700 & 0.471 \\ 0.333 & 0.500 & 0.667 & 0.400 \\ 0.300 & 0.333 & 0.500 & 0.250 \\ 0.429 & 0.600 & 0.750 & 0.500 \end{bmatrix}$$

$$P = \begin{bmatrix} - & 0.550 & 0.230 & -0.610 \\ 0.550 & - & -0.130 & 0.340 \\ 0.230 & -0.130 & - & 0.150 \\ -0.610 & 0.340 & 0.150 & - \end{bmatrix}$$

由模型（LP-I）可得：

$$\begin{aligned} \min Z_4 = {} & d_{12}^- + d_{12}^+ + d_{13}^- + d_{13}^+ + d_{14}^- + d_{14}^+ + d_{23}^- + d_{23}^+ + d_{24}^- + d_{24}^+ + \\ & d_{34}^- + d_{34}^+ + e_{12}^- + e_{12}^+ + e_{13}^- + e_{13}^+ + e_{14}^- + e_{14}^+ + e_{23}^- + e_{23}^+ + e_{24}^- + \\ & e_{24}^+ + e_{34}^- + e_{34}^+ \end{aligned} \qquad (7-41)$$

$s.t.$

$I_1 + I_2 + I_3 + I_4 = 1$

$\mathbf{A}(I_1,\ I_{12},\ I_{13},\ I_{14})^{\mathrm{T}} \geqslant 0,\ \mathbf{A}(I_2,\ I_{12},\ I_{23},\ I_{24})^{\mathrm{T}} \geqslant 0$

$\mathbf{A}(I_3,\ I_{13},\ I_{23},\ I_{34})^{\mathrm{T}} \geqslant 0,\ \mathbf{A}(I_4,\ I_{14},\ I_{24},\ I_{34})^{\mathrm{T}} \geqslant 0$

$0.667(I_1 + I_2) - I_1 + d_{12}^- - d_{12}^+$

$= 0,\ 0.700(I_1 + I_3) - I_1 + d_{13}^- - d_{13}^+ = 0$

$0.471(I_1 + I_4) - I_1 + d_{14}^- - d_{14}^+$

$= 0,\ 0.667(I_2 + I_3) - I_2 + d_{23}^- - d_{23}^+ = 0$

$0.400(I_2 + I_4) - I_2 + d_{24}^- - d_{24}^+$

$= 0,\ 0.250(I_3 + I_4) - I_3 + d_{34}^- - d_{34}^+ = 0$

$0.550(I_1 + I_2) - I_{12} + e_{12}^- - e_{12}^+$

$= 0,\ 0.230(I_1 + I_3) - I_{13} + e_{13}^- - e_{13}^+ = 0$

$-0.610(I_1 + I_4) - I_{14} + e_{14}^- - e_{14}^+$

$= 0,\ -0.130(I_2 + I_3) - I_{23} + e_{23}^- - e_{23}^+ = 0$

$0.340(I_2 + I_4) - I_{24} + e_{24}^- - e_{24}^+$

$= 0, 0.150(I_3 + I_4) - I_{34} + e_{34}^- - e_{34}^+ = 0$

其中，

$$A = \begin{bmatrix} 1 & 1/2 & 1/2 & 1/2 \\ 1 & 1/2 & 1/2 & -1/2 \\ 1 & 1/2 & -1/2 & 1/2 \\ 1 & 1/2 & -1/2 & -1/2 \\ 1 & -1/2 & 1/2 & 1/2 \\ 1 & -1/2 & 1/2 & -1/2 \\ 1 & -1/2 & -1/2 & 1/2 \\ 1 & -1/2 & -1/2 & -1/2 \end{bmatrix}$$

表 7-3～表 7-6 为上述模型所得 Shapley 重要性与交互作用值、默比乌斯表示、非可加测度值，以及各候选方案的 Choquet 积分综合评价值及排名。

表 7-3　最优 Shapley 重要性和交互作用指标值

	LP-I		LP-I
I_1	0.355	I_{12}	0.205
I_2	0.215	I_{13}	0.106
I_3	0.107	I_{14}	-0.398
I_4	0.333	I_{23}	-0.042
		I_{24}	0.183
		I_{34}	0.065

表 7-4　最优默比乌斯表示

	LP-I		LP-I
$m_\mu(\{1\})$	0.398	$m_\mu(\{1,2\})$	0.205
$m_\mu(\{2\})$	0.042	$m_\mu(\{1,3\})$	0.106
$m_\mu(\{3\})$	0.043	$m_\mu(\{1,4\})$	-0.398
$m_\mu(\{4\})$	0.398	$m_\mu(\{2,3\})$	-0.042
		$m_\mu(\{2,4\})$	0.183
		$m_\mu(\{3,4\})$	0.065

表 7-5　最优 2 序可加测度

	LP-Ⅰ		LP-Ⅰ
$\mu(\varnothing)$	0.000	$\mu(\{4\})$	0.398
$\mu(\{1\})$	0.398	$\mu(\{1, 4\})$	0.398
$\mu(\{2\})$	0.042	$\mu(\{2, 4\})$	0.623
$\mu(\{1, 2\})$	0.645	$\mu(\{1, 2, 4\})$	0.828
$\mu(\{3\})$	0.043	$\mu(\{3, 4\})$	0.505
$\mu(\{1, 3\})$	0.547	$\mu(\{1, 3, 4\})$	0.612
$\mu(\{2, 3\})$	0.043	$\mu(\{2, 3, 4\})$	0.688
$\mu(\{1, 2, 3\})$	0.753	$\mu(\{1, 2, 3, 4\})$	1.000

表 7-6　各类型汽车的综合评价和排序

		Car A	Car B	Car C	Car D	Car E	Car F	Car G
LP-Ⅰ	$C_\mu()$	0.556	0.332	0.651	0.743	0.635	0.521	0.803
	排序	5	7	3	2	4	6	1

7.3　指标体系的 MCCPI 获取及非可加测度确定

结合前述相关研究,本书给出各指标间的 MCCPI 信息和非可加测度如下。

在智能集成创新方面,各二级指标间的重要性及相互关联关系如下:

(1) 区域智能制造就续率(指标 1)比较重要于区域综合集成指数(指标 2),两者拥有较强的正交互作用。

(2) 区域智能制造就续率(指标 1)比较重要于区域协同与创新指数(指标 3),两者拥有较强的正交互作用。

(3) 区域综合集成指数(指标 2)稍微重要于区域协同与创新指数(指标 3),两者拥有较弱的正交互作用。

进而可获得上述 3 个二级指标的非可加测度,如表 7-7 所示。

表 7-7　智能集成创新 3 个二级指标集上的非可加测度

集合	测度值	集合	测度值
空集	0	{1, 2}	0.5533
{1}	0.1217	{1, 3}	0.4583
{2}	0.0917	{2, 3}	0.2883
{3}	0.0867	{1, 2, 3}	1

在两化融合推进方面,各二级指标间的重要性及相互关联关系如下:

(1) 国家级贯标试点企业数量(指标 1)稍微重要于生产设备数字化率(指标 2),两者之间存在较弱的负交互作用。

(2) 国家级贯标试点企业数量(指标 1)稍微重要于数字化研发设计工具普及率(指标 3),两者之间存在较弱的负交互作用。

(3) 国家级贯标试点企业数量(指标 1)稍微重要于关键工序数控化率(指标 4),两者之间存在较弱的负交互作用。

(4) 国家级贯标试点企业数量(指标 1)稍微重要于关键业务环节全面信息化的企业比例(指标 5),两者之间存在较弱的负交互作用。

(5) 生产设备数字化率(指标 2)同等重要于数字化研发设计工具普及率(指标 3),两者之间存在较强的正交互作用。

(6) 生产设备数字化率(指标 2)同等重要于关键工序数控化率(指标 4),两者之间存在较强的正交互作用。

(7) 生产设备数字化率(指标 2)同等重要于关键业务环节全面信息化的企业比例(指标 5),两者之间存在较强的正交互作用。

(8) 数字化研发设计工具普及率(指标 3)同等重要于关键工序数控化率(指标 4),两者之间存在较强的正交互作用。

(9) 数字化研发设计工具普及率(指标 3)同等重要于关键业务环节全面信息化的企业比例(指标 5),两者之间存在较强的正交互作用。

(10) 关键工序数控化率(指标 4)同等重要于关键业务环节全面信息化的企业比例(指标 5),两者之间存在较强的正交互作用。

进而可获得上述 5 个二级指标的非可加测度,如表 7－8 所示。

表 7－8　两化融合推进 5 个二级指标集上的非可加测度

集合	测度值	集合	测度值	集合	测度值	集合	测度值
空集	0	{2, 3}	0.4	{1, 2, 3}	0.6	{2, 4, 5}	0.6
{1}	0.4	{1, 4}	0.4	{1, 2, 4}	0.6	{3, 4, 5}	0.6
{2}	0	{2, 4}	0.48	{1, 3, 4}	0.6	{1, 2, 3, 4}	0.67
{3}	0	{3, 4}	0.4	{2, 3, 4}	0.6	{1, 2, 3, 5}	0.68
{4}	0	{1, 5}	0.4	{1, 2, 5}	0.6	{1, 2, 4, 5}	0.67
{5}	0	{2, 5}	0.4	{1, 3, 5}	0.6	{1, 3, 4, 5}	0.68
{1, 2}	0.4	{3, 5}	0.5	{2, 3, 5}	0.6	{2, 3, 4, 5}	0.8
{1, 3}	0.4	{4, 5}	0.4	{1, 4, 5}	0.6	{1, 2, 3, 4, 5}	1

试点示范引领方面,各二级指标间的重要性及相互关联关系如下:

(1) 2018 年智能制造试点示范项目数量(指标 1)非常重要于 2019 年中国新互联网企业——智能制造企业 TOP100 企业数量(指标 2),两者之间存在较强的正交互作用。

(2) 2018 年智能制造试点示范项目数量(指标 1)非常重要于 2019 年中国智能制造企业 100 强企业数量(指标 3),两者之间存在较强的正交互作用。

(3) 2019 年中国新互联网企业——智能制造企业 TOP100 企业数量(指标 2)同等重要于 2019 年中国智能制造企业 100 强企业数量(指标 3),两者之间存在较弱的交互作用。

进而可获得上述 3 个二级指标的非可加测度,如表 7－9 所示。

表 7－9　试点示范引领 3 个二级指标集上的非可加测度

集合	测度值	集合	测度值
空集	0	{1, 2}	0.7317
{1}	0.1683	{1, 3}	0.6667
{2}	0.2333	{2, 3}	0.3017
{3}	0.2983	{1, 2, 3}	1

标准体系构建方面,《国家智能制造标准体系》所列标准的参与起草数量(指标 1)非常重要于工业互联网联盟委员会成员数量(指标 2),两者之间存在较强的正交作用。

进而可获得上述 2 个二级指标的非可加测度,如表 7 - 10 所示。

表 7 - 10　标准体系构建 2 个二级指标集上的非可加测度

集合	测度值	集合	测度值
空集	0	{2}	0.24
{1}	0.43	{1, 2}	1

发展载体培育方面,各二级指标间的重要性及相互关联关系如下:

(1) 2018—2019 年工业互联网试点示范项目数量(指标 1)稍微重要于 2017—2019 年制造业与互联网合作发展试点示范入选项目数量(指标 2),两者之间存在较弱的负交互作用。

(2) 2018—2019 年工业互联网试点示范项目数量(指标 1)稍微重要于 2017—2019 年制造业"双创"平台试点示范项目数量(指标 3),两者之间存在较强的正交互作用。

(3) 2018—2019 年工业互联网试点示范项目数量(指标 1)非常重要于 2019 年中国装备制造业 100 强企业数量(指标 4),两者之间存在较弱的正交互作用。

(4) 2017—2019 年制造业与互联网合作发展试点示范入选项目数量(指标 2)稍微重要于 2017—2019 年制造业"双创"平台试点示范项目数量(指标 3),两者之间存在较弱的正交互作用。

(5) 2017—2019 年制造业与互联网合作发展试点示范入选项目数量(指标 2)稍微重要于 2019 年中国装备制造业 100 强企业数量(指标 4),两者之间存在较弱的正交互作用。

(6) 2017—2019 年制造业"双创"平台试点示范项目数量(指标 3)稍微重要于 2019 年中国装备制造业 100 强企业数量(指标 4),两者之间存在较弱的正交互作用。

进而可获得上述 4 个二级指标的非可加测度,如表 7 - 11 所示。

表 7-11　发展载体培育 4 个二级指标集上的非可加测度

集合	测度值	集合	测度值	集合	测度值	集合	测度值
空集	0	{4}	0.05	{1, 4}	0.5	{1, 2, 4}	0.6725
{1}	0.2675	{1, 2}	0.5	{2, 4}	0.5	{1, 3, 4}	0.75
{2}	0.25	{1, 3}	0.51	{3, 4}	0.3	{2, 3, 4}	0.6225
{3}	0.1175	{2, 3}	0.5	{1, 2, 3}	0.75	{1, 2, 3, 4}	1

基础服务支撑方面,各二级指标间的重要性及相互关联关系如下:

(1) 区域高校整体实力(指标 1)稍微重要于 2020 年大数据产业发展试点示范项目数量(指标 2),两者之间存在较强的正交互作用。

(2) 区域高校整体实力(指标 1)稍微重要于 2016—2019 年国家技术创新示范企业数量(指标 3),两者之间存在较强的正交互作用。

(3) 区域高校整体实力(指标 1)非常重要于 2020 年 1—4 月快递物流业收入(指标 4),两者之间存在较强的正交互作用。

(4) 2020 年大数据产业发展试点示范项目数量(指标 2)稍微重要于 2016—2019 年国家技术创新示范企业数量(指标 3),两者之间存在较强的正交互作用。

(5) 2020 年大数据产业发展试点示范项目数量(指标 2)非常重要于 2020 年 1—4 月快递物流业收入(指标 4),两者之间存在较强的正交互作用。

(6) 2016—2019 年国家技术创新示范企业数量(指标 3)非常重要于 2020 年 1—4 月快递物流业收入(指标 4),两者之间存在较强的正交互作用。

进而可获得上述 4 个二级指标的非可加测度,如表 7-12 所示。

表 7-12　基础服务支撑 4 个二级指标集上的非可加测度

集合	测度值	集合	测度值	集合	测度值	集合	测度值
空集	0	{4}	0.25	{1, 4}	0.5	{1, 2, 4}	0.75
{1}	0.25	{1, 2}	0.525	{2, 4}	0.5	{1, 3, 4}	0.65
{2}	0.25	{1, 3}	0.5	{3, 4}	0.5	{2, 3, 4}	0.5
{3}	0.2125	{2, 3}	0.5	{1, 2, 3}	0.9375	{1, 2, 3, 4}	1

对于 6 个一级指标,本书将智能集成创新、两化融合推进、试点示范引领这 3 个指标划分成第一类,标准体系构建、发展载体培育、基础服务支撑这 3 个一级指标划分成第二类。第一类指标比较重要于第二类指标,各类中的指标重要性相当。此外,第一类指标内均存在较弱的正交互作用,第二类指标内存在较强的正交互作用,两组间指标存在较弱的正交互作用。进而可获得 6 个一级指标的非可加测度,如表 7-13 所示。

表 7-13　先行度评价体系 6 个一级指标集上的非可加测度

集合	测度值	集合	测度值	集合	测度值	集合	测度值
空集	0	{4, 5}	0.4153	{1, 2, 6}	0.5	{1, 2, 4, 6}	0.6667
{1}	0.3217	{1, 6}	0.3333	{1, 3, 6}	0.5	{1, 3, 4, 6}	0.6667
{2}	0.1478	{2, 6}	0.3333	{2, 3, 6}	0.5	{2, 3, 4, 6}	0.5
{3}	0.1272	{3, 6}	0.3333	{1, 4, 6}	0.5	{1, 2, 5, 6}	0.6667
{4}	0	{4, 6}	0.0409	{2, 4, 6}	0.3333	{1, 3, 5, 6}	0.6667
{5}	0	{5, 6}	0.5	{3, 4, 6}	0.5	{2, 3, 5, 6}	0.6231
{6}	0.0409	{1, 2, 3}	0.6667	{1, 5, 6}	0.5	{1, 4, 5, 6}	0.6667
{1, 2}	0.5	{1, 2, 4}	0.5	{2, 5, 6}	0.5	{2, 4, 5, 6}	0.6231
{1, 3}	0.4167	{1, 3, 4}	0.5	{3, 5, 6}	0.5	{3, 4, 5, 6}	0.6231
{2, 3}	0.3333	{2, 3, 4}	0.5	{4, 5, 6}	0.5	{1, 2, 3, 4, 5}	0.8333
{1, 4}	0.3333	{1, 2, 5}	0.5	{1, 2, 3, 4}	0.8049	{1, 2, 3, 4, 6}	0.8049
{2, 4}	0.3333	{1, 3, 5}	0.5	{1, 2, 3, 5}	0.6667	{1, 2, 3, 5, 6}	0.7205
{3, 4}	0.1667	{2, 3, 5}	0.5	{1, 2, 4, 5}	0.6691	{1, 2, 4, 5, 6}	0.6899
{1, 5}	0.3333	{1, 4, 5}	0.5	{1, 3, 4, 5}	0.6667	{1, 3, 4, 5, 6}	0.7491
{2, 5}	0.1478	{2, 4, 5}	0.5	{2, 3, 4, 5}	0.5	{2, 3, 4, 5, 6}	0.6231
{3, 5}	0.1348	{3, 4, 5}	0.5	{1, 2, 3, 6}	0.7205	{1, 2, 3, 4, 5, 6}	1

7.4　各区域(省市)智能制造先行度评价

根据表 7-1 区域(省市)智能制造先行度评价指标体系所示的数据来源获得 21 个指标的原始数据,如表 7-14 所示。

对表 7-14 中各数据进行标准化,使得各指标的评价值服从均值为 6、标准差为 1 的正态分布,如表 7-15 所示。

表 7 - 14　各省市智能制造先行度评价的原始数据

省市	区域智能制造就绪率(%)	区域综合集成指数率	区域协同创新指数	国家级贯标试点企业数量(个)	生产设备数字化率(%)	数字化研发设计工具普及率(%)	关键工序数控化率(%)	关键业务环节全面信息化的企业比例(%)	2018年智能制造试点示范项目数量(个)	2019年中国新互联网企业——企业100数量(个)	2019年中国智能制造企业——企业100企业数量(个)	《国家智能制造标准体系》所列标准的参与起草数量(个)	工业互联网联盟委员会成员数量(个)	2018—2019年工业互联网试点示范项目数量(个)	2017—2019年制造业与互联网融合发展试点示范项目数量(个)	2017—2019年制造业"双创"平台试点示范项目数量(个)	2019年中国装备制造业100强企业数量(个)	区域高校整体实力(个)	2020年大数据产业发展试点示范项目数量(个)	2016—2019年国家技术创新示范企业数量(个)	2020年1—4月快递物流业收入(万元)
安徽	7.4	39	36.7	123	45.2	68	45.5	52.6	7	3	2	8	0	9	22	29	2	1487	14	13	452290
北京	5.2	56.3	49	165	48.2	66.9	51.6	37.8	4	16	17	147	40	22	53	46	9	7211	82	15	1056161
广东	7.7	47.8	40.3	319	45.6	68.9	45.7	51.2	5	29	19	1	10	16	19	34	11	2765	25	22	5640409
河北	3.2	39.2	33.4	155	43.3	62.8	52	31.1	5	2	1	1	0	3	8	15	11	1064	3	11	800672
河南	5.7	39.8	34.9	99	44.7	71.1	45.6	36.7	3	2	0	12	0	4	17	24	1	1098	12	4	630297
湖北	5.3	38.6	31.1	145	39.6	66.2	42.4	38.7	6	4	5	8	0	19	19	13	4	3372	15	11	350428
湖南	4.5	34.8	32.5	61	41.5	69.7	40.6	42.7	7	2	2	2	1	4	10	14	2	1682	11	14	336131
江苏	10	49.3	45.3	315	51	78.3	50	54.8	7	15	7	13	2	18	38	23	4	5553	26	21	1860092
辽宁	3.2	41.7	30.9	94	38.9	58.5	45.7	31.1	3	2	3	33	3	5	13	10	1	1850	7	7	362696
山东	10.8	50.3	49.6	262	51	78.1	52.3	57.5	11	4	6	10	5	9	28	27	17	2310	25	21	993585

（续表）

省市	区域智能制造就绪率（%）	区域综合集成指数	区域协同与创新指数	国家级试点企业数量（个）	生产设备数字化率（%）	数字化研发设计工具普及率（%）	关键工序数控化率（%）	关键业务环节全面信息化的企业比例（%）	2018年智能制造试点示范项目的数量（个）	2019年中国新互联网企业——智能制造企业TOP 100企业数量（个）	2019年中国智能制造企业100强企业数量（个）	《国家智能制造标准体系》所列标准的参与起草数量（个）	工业互联网联盟委员会成员数量（个）	2018——2019年工业互联网试点示范项目数量（个）	2017——2019年制造业与互联网融合发展试点示范项目数量（个）	2017——2019年制造业"双创"平台试点示范项目数量（个）	2019年中国装备制造业试点示范企业数量（个）	区域高校整体实力（个）	2020年大数据产业发展试点示范项目数量（个）	2016——2019年国家技术创新示范企业数量（个）	2020年1—4月快递物流业收入（万元）
陕西	3.3	33.1	31.2	86	39	60.2	44.8	36.2	4	2	5	10	0	2	4	10	1	2769	7	7	268611
上海	5.7	48.7	41.5	114	49.6	85.2	40.8	37.8	3	8	12	76	8	14	19	19	3	4147	21	8	3548053
四川	9.3	44.3	37.4	90	44.5	64.9	46.3	48.7	2	0	2	7	1	2	11	13	0	1733	15	13	591603
天津	8.8	45.8	41.3	64	51.3	77.3	52.2	47.2	1	0	1	10	0	5	4	11	2	1651	13	10	293434
浙江	12.9	45.6	35.7	232	47.5	75.6	49.7	51.8	8	7	7	35	7	7	16	29	18	2622	32	14	2552853
重庆	8.8	47.6	40	77	41.6	73.3	49.6	49.6	1	1	2	37	1	7	10	6	3	915	7	7	225228

表7-15 各省市智能制造先行度评价的规范化数据

省市	区域智能制造就绪率指数	区域综合集成指数	区域协同与创新指数	国家级贯标试点企业数量	数字化研发设计工具普及率	生产设备数字化率	关键工序数控化率	全面信息化管控企业比例	2018年智能制造试点示范项目数量	2019年中国新互联网企业100强企业数量	中国智能制造——智能制造企业TOP100企业数量	《国家智能制造标准体系》所列标准数量	2018—2019年工业互联网联盟成员会员数量	2017—2019年工业互联网试点示范项目数量	2019年制造业与工业互联网融合发展试点示范项目数量	2019年制造业"双创"平台试点示范数量	2019年中国装备制造业100强企业数量	区域高校整体实力	2020年大数据产业发展试点示范项目数量	2016—2019年国家科技创新示范企业数量	2020年1—4月快递物流业收入
安徽	6.1407	5.2155	5.7572	5.686	6.0101	5.6826	5.5789	6.9921	6.7990	5.6066	5.3531	5.5329	5.1417	5.5082	6.2988	6.8172	5.3866	5.3335	5.6930	6.1154	5.4697
北京	5.3905	8.0030	7.7822	6.1733	6.7061	5.5316	7.1125	5.2659	7.2766	7.9845	9.2166	8.2474	9.5436	8.3936	8.7282	9.3631	6.5919	6.4443	9.3631	6.4848	8.8723
广东	6.2430	6.6334	6.3498	7.9600	6.1029	8.0061	6.2092	6.8288	7.2032	8.3353	5.3474	6.0637	6.5170	7.2808	6.0637	6.0727	6.9363	6.0727	6.2867	7.7776	8.9287
河北	4.7085	5.2477	5.2139	5.5694	4.9689	5.7694	7.2130	4.4845	6.0685	5.1777	3.5474	5.5190	5.1699	5.0637	5.2016	5.0888	5.0888	6.0727	5.0993	5.7461	5.7020
河南	5.5610	5.3444	5.4608	5.8942	6.1081	5.4076	5.6040	5.1376	5.3380	5.0023	5.4781	5.1699	5.0082	5.3319	5.9069	5.3535	5.2144	5.1085	5.5851	4.4532	5.5884
湖北	5.4246	5.1511	4.8352	4.7111	4.4355	5.8942	5.3709	5.7996	5.7350	5.8794	5.7350	5.3319	5.5082	5.1699	5.0637	5.3335	5.7310	4.4238	5.7470	5.7461	4.4018
湖南	5.1518	4.5388	5.0657	5.1519	5.9159	4.7111	4.3470	4.8374	4.4337	5.3351	4.4781	5.3739	5.0082	5.3319	5.0637	4.4463	5.3866	4.4463	5.5311	5.3001	5.3923
江苏	7.0273	6.8751	7.1730	7.3556	7.0963	5.9159	6.7102	7.2487	7.1481	6.2302	6.6654	6.1954	5.6091	7.1481	5.2526	7.5526	6.7653	6.2608	6.3407	5.5929	6.4083
辽宁	4.7085	6.6506	6.8023	4.3787	5.4871	7.0963	7.2884	4.4845	4.4845	5.4781	6.1954	5.8859	6.1417	5.4938	5.8108	5.5435	5.5435	6.2608	3.1525	5.0073	5.4100
山东	7.3001	7.0363	7.8810	7.2987	7.3556	5.4871	7.2884	7.5636	8.2600	7.5350	5.8859	5.3859	6.0548	6.0126	6.6317	7.9694	6.3170	6.8095	6.2867	5.5929	5.8306
陕西	4.7426	4.2648	4.8517	5.2567	4.5719	4.6120	5.0793	4.0293	4.0293	5.2659	5.8794	5.8859	5.0082	5.0079	4.8882	5.2144	5.0553	5.0553	5.3152	5.0073	5.3473
上海	5.5610	6.7785	5.5816	7.0308	4.0434	7.0308	4.3973	4.3973	5.3380	6.2489	7.1074	7.3350	6.3153	6.9516	6.0637	6.0750	5.5588	6.0708	6.0708	6.1920	7.5337
四川	6.7886	6.0695	5.8724	5.8478	2.5571	5.5816	5.3031	5.2571	4.9727	5.5372	5.0064	5.0064	5.9516	5.0079	5.8899	8.8720	8.8720	5.3335	5.4758	6.1154	5.5626
天津	6.1181	6.3112	5.5145	7.4252	6.9591	8.4878	7.2633	7.2633	4.6075	5.2212	5.2212	5.1777	5.8859	5.0079	5.4938	4.8882	4.8882	5.1480	5.4284	6.4391	5.5614	5.3638
浙江	8.0162	6.2790	5.5925	6.5437	6.7257	7.2130	6.6348	6.8988	8.8988	7.1642	6.1204	6.2302	6.2485	5.8178	8.2286	8.1416	5.8286	5.4284	6.6645	6.9900	6.3001	6.8702
重庆	6.6181	6.6012	6.3005	5.1751	6.4101	6.6097	6.6422	6.6422	4.6075	5.3497	5.3531	5.3015	5.6091	5.8178	5.3584	4.6844	5.5588	5.3584	5.0027	5.3152	5.0073	5.3183

　　结合表 7-7～表 7-13 所给出的非可加测度,利用 Choquet 积分计算得到 6 个一级指标以及整体先行度的综合评价值,如表 7-16 的第 2～8 列所示。

表 7-16　各省市智能制造先行度评价的综合评价值

省市	智能集成创新	两化融合推进	试点示范引领	标准体系构建	发展载体培育	基础服务支撑	智能制造先行度
北京	6.1002	6.0847	6.3891	9.2951	7.9902	7.7600	7.0574
江苏	6.9575	7.3302	6.7278	5.6761	6.7868	7.0000	6.6215
山东	7.2075	7.2449	6.3194	5.6883	6.5754	6.3257	6.5936
广东	6.2998	6.6704	6.8950	5.6281	6.8918	7.2129	6.4678
浙江	6.1837	6.7502	6.3508	6.2290	6.1873	6.3787	6.3319
上海	5.8665	5.7571	5.8689	6.7538	6.1315	6.4171	5.9835
天津	6.4170	6.5942	4.7897	5.5416	5.2310	5.5103	5.7599
重庆	6.4689	5.9913	4.8324	5.9068	5.3071	5.1597	5.6526
安徽	5.5104	5.7811	5.7393	5.5188	6.0924	5.6030	5.6424
四川	6.0690	5.6012	5.0871	5.5310	5.2007	5.6897	5.5723
湖北	5.0432	5.3422	5.9246	5.5188	5.5536	5.8942	5.4744
河南	5.4099	5.5524	5.2806	5.5644	5.6425	5.1838	5.4272
湖南	4.7907	5.2223	5.6669	5.4303	5.3615	5.6487	5.2559
河北	4.8573	5.3645	5.4969	5.3860	5.3557	5.4048	5.2010
辽宁	4.8133	4.8084	5.3953	5.9762	5.3269	5.3190	5.1425
陕西	4.4932	4.9505	5.6808	5.5416	5.0002	5.4362	5.0624

　　在表 7-16 中,第 2 列为智能集成创新一级指标上的综合评价值,可见各省市排序为:山东、江苏、重庆、天津、广东、浙江、北京、四川、上海、安徽、河南、湖北、河北、辽宁、湖南、陕西。选择评价值最接近 6 的四川(其在此一级指标上的评价值为 6.0690)作为参照,可以将 16 个省市分成两部分。山东在智能制造就绪率、综合集成指数、协同与创新指数 3 个二级指标上表现均为 7 以上,综合分值为 7.2075,江苏、重庆、天津、广东 4 个省市在 3 个二级指标上表现也较为均衡,取得了第 2～5 的排名。浙江在智能制造就绪度上单项表现最佳,获得了 8.0162 的分值,但在其余两个指标上表现欠佳,综合集成指数、协同与创新指数分别为 6.2790 和 5.5925,

最终以6.1837的成绩获得第6名。四川在3个二级指标上的表现与浙江相似,只是各指标表现相对均衡。上海在智能制造就绪率上的表现不佳,仅为5.5610,而其他两个指标均超过基础分值6,分别为6.7785和6.5474。其余省市在3个二级指标上取值很少超过基础分值6。

在表7-16中,第3列为两化融合推进一级指标上的综合评价值,可见各省市排序为:江苏、山东、浙江、广东、天津、北京、重庆、安徽、上海、四川、河南、河北、湖北、湖南、陕西、辽宁。选择评价值最接近分值6的重庆(其在此一级指标上评价值为5.9913)作为参照,可以将16个省市分成两部分。江苏在5个二级指标上表现不俗,在国家级贯标试点企业数量、生产设备数字化率、数字化研发设计工具普及率、关键业务环节全面信息化的企业比例4个二级指标排名第2,在关键工序数控化率指标上排名第5,最终以各项均衡发展的态势获得综合排名第1。山东以国家级贯标试点企业数量、生产设备数字化率、数字化研发设计工具普及率3个指标排名第3,关键工序数控化率和关键业务环节全面信息化2个指标排名第1,最终取得综合排名第2,其各项评分也都在7以上。浙江综合成绩为第3名,其在各二级指标上的表现较为平均,都在6.5以上。广东在国家级贯标试点企业数量指标上以7.96位居第1,但在数字化研发设计工具普及率和关键工序数控化率2个指标上的表现不佳,最终因各指标得分不均衡,获得综合评价第4名。天津、北京、重庆也都存在各指标表现不均衡的问题,分别获得第5、6、7名的成绩。上海在生产设备数字化率、数字化研发设计工具普及率2个指标上表现不俗,但其他指标,尤其是关键工序数控化率上的分值为4.3973,最终排名第9。需要指出的是,相较于其他一级指标,在本一级指标的排名中,各省份的表现差别最大。

在表7-16中,第4列为试点示范引领一级指标上的综合评价值,各省市排序为:广东、江苏、北京、浙江、山东、湖北、上海、安徽、陕西、湖南、河北、辽宁、河南、四川、重庆、天津。选择评价值最接近分值6的湖北(其在此一级指标上的评价值为5.9246)作为参照,可以将16个省市分成两部分。广东在2019年中国新互联网企业——智能制造企业TOP100企业数量、2019年中国智能制造企业100强企业数量2个二级指标上占据第1,最终获得综合成绩第1。江苏和北京与广东类似,均是后2个二级指标占据优势,分别获得第 2、3 的成绩。浙江与前 3 位不同,在 2018 年智能制造试点示范项目数量的二级指标上表现较佳,以 7.1642 位居第 2 名,在其他 2 个二级指标上表现也相对较好,最终获得第 4 名。山东与浙江情况类似,但在 2019 年中国新互联网企业——智能制造企业 TOP100 企业数量指标失分较多,获得综合排序第 5。湖北在各指标上表现比较均衡,获得综合排名第 6。上海虽在 2019 年中国新互联网企业——智能制造企业 TOP100 企业数量、2019 年中国智能制造企业 100 强企业数量这 2 个二级指标上表现不错,但因在 2018 年智能制造试点示范项目数量指标上得分较少,获得综合排名 7 的成绩。

在表 7‑16 中,第 5 列为标准体系构建一级指标上的综合评价值,各省市排序为:北京、上海、浙江、辽宁、重庆、山东、江苏、广东、河南、陕西、天津、四川、安徽、湖北、湖南、河北。选择评价值最接近分值 6 的辽宁(其在此一级指标上的评价值为 5.9762)作为参照,可以将 16 个省市分成两部分。北京以 9.2951 的绝对优势获得了排名 1,其主要原因是北京拥有众多的在标准体系制定方面的权威国家级科研院所。上海和浙江、辽宁综合排名第 2、3、4 位。

在表 7‑16 中,第 6 列为发展载体培育一级指标上的综合评价值,各省市排序为:北京、广东、江苏、山东、浙江、上海、安徽、河南、湖北、湖南、河北、辽宁、重庆、天津、四川、陕西。选择评价值最接近分值 6 的安徽(其在此一级指标上的评价值为 6.0924)作为参照,可以将 16 个省市分成两部分。北京在 2018—2019 年工业互联网试点示范项目数量、2017—2019 年制造业与互联网融合发展试点示范入选项目数量、2017—2019 年制造业"双创"平台试点示范项目数量这 3 个二级指标上均排名第 1,最终获得综合排名第 1。广东在 2017—2019 年制造业与互联网融合发展试点示范入选项目数量、2017—2019 年制造业"双创"平台试点示范项目数量、2019 年中国装备制造业 100 强企业数量这 3 个指标上表现不俗,最终获得综合排名第 2。江苏在 2018—2019 年工业互联网试点示范项目数量、2017—2019 年制造业与互联网融合发展试点示范入选项目数量 2 个指标上排名第 2,最终获得综合排名第 3。山东在各指标上均衡发展,综合排名第 4。浙江在 2019 年中国装备制造业 100 强企业数量指标上排名第 1,但其他指标表现不佳,最终获得综合排名第5。上海、安徽在各指标上相对均衡,综合排名分别为第6、7。

在表7-16中,第7列为基础服务支撑一级指标上的综合评价值,各省市排序为:北京、广东、江苏、上海、浙江、山东、湖北、四川、湖南、安徽、天津、陕西、河北、辽宁、河南、重庆。选择评价值最接近分值6的湖北(其在此一级指标上的评价值为5.8942)作为参照,可以将16个省市分成两部分。北京在区域高校整体实力、2018—2020年大数据产业发展试点示范项目数量2个二级指标上排名第1,最终综合排名第1。广东则在2016—2019年国家技术创新示范企业数量、2020年1—4月快递物流业收入2个二级指标上排名第1,综合排名为第2。江苏在区域高校整体实力、2016—2019年国家技术创新示范企业数量等指标上表现不俗,最终综合排名第3。上海、浙江、山东、湖北四省市在各指标上表现相对均衡,获得综合排名第4、5、6、7的成绩。

在表7-16中,第8列为区域智能制造先行度的综合评价值,各省市排序为:北京、江苏、山东、广东、浙江、上海、天津、重庆、安徽、四川、湖北、河南、湖南、河北、辽宁、陕西。选择评价值最接近分值6的上海(其在此一级指标上的评价值为5.9835)作为参照,可以将16个省市分成两部分。北京在标准体系构建、发展载体培育、基础服务支撑3个一级指标上排名第1,且与其他省市拉开较大距离,最终获得先行度综合排名第1。江苏在两化融合推进一级指标上排名第1,在其他一级指标上表现均衡,最终获得先行度综合排名第2。山东在智能集成创新一级指标上排名第1,最终获得先行度综合排名第3。广东在试点示范引领一级指标上排名第1,最终获得先行度排名第4。浙江、上海在各一级指标排名不俗且均衡发展,分别获得先行度排名第5、6的位置。

综上所述,从区域智能制造先行度综合评价值来看,可以将北京、江苏、山东、广东、浙江、上海归为第一方阵,将天津、重庆、安徽、四川、湖北、河南、湖南、河北、辽宁、陕西归为第二方阵。从更广的地域范围来看,中部地区(包括河南、安徽、湖南、湖北、陕西、四川、重庆)属于智能制造先行区的第二梯队;环渤海区(包括北京、天津、河北、山东、辽宁)则分别属于第一和第二梯队,表现出区域发展上的差异;珠港澳大湾区(广东)属于智能制造先行区的第一梯队;长三角区域(包括上海、浙江、江苏)则均属于智能制造先行区的第一梯队。本书的主要研究对象,杭州湾大湾区(包含浙江、上海)也归属于智能制造先行区的第一梯队。

第8章

杭州湾大湾区智能制造发展的对策与建议

本章依据前述区域智能制造先行度综合评价指标体系及评价结果,分析杭州湾大湾区(浙江、上海)智能制造发展的对策和建议。

8.1 加快区域智能集成创新发展

结合表7-15和表7-16可以看出,在区域智能制造就绪率二级指标上,浙江以8.0162分值位列16个参与评价省市的第1名,保持绝对领先的地位,而上海则以5.5610的分值,略低于基准分6,位列第9名;在区域综合集成指数二级指标上,上海以6.7785的分值名列第4位,浙江以6.2790的分值位列第8,虽两省市都超过基准分,但与北京(8.0030)、山东(7.0363)、江苏(6.8751)等还有一定的差距;在区域协同与创新指数二级指标上,上海以6.5474位列第4名,浙江则以低于基准分的5.5925位列第10名,与山东(7.8810)、北京(7.7822)、江苏(7.1730)等省市还有相当差距。综合来看,在区域智能集成创新一级指标上,浙江以6.1837的分值获得总排名第6的成绩,上海则以低于基准分的5.8665位列第9,与山东(7.2075)、江苏(6.9575)、重庆(6.4689)、天津(6.4170)、广东(6.2998)有一定的差距。

鉴于上述指标的评价结果,杭州湾大湾区需要在区域企业的智能制造准备程度、企业内部流程与数据的集成、企业技术与管理模式创新等方面下大力气,并且保持3个方面的均衡发展。具体来讲,可以从以下3个方面入手,进行相应的提升和完善。

(1)提高杭州湾大湾区规模以上企业的智能制造就续率。要提高初步具备智能制造基础条件的规模以上工业企业占全部规模以上工业企业的比例,提高智能制造就绪率和关键工序数控化率,实现企业管理控制体系的集成和产供销渠道信息的共享集成,提高企业底层装备数控化程度,促进管理信息化与底层自动化之间以及内部供应链上采购、生产、销售、库存、财务等环节有效集成,逐步提高智能工厂或智慧企业的实现程度。此外,各行业可结合自身特点和共性特征在关键环节力争突破。比如,电子行业可加强工艺设计环节的信息化应用,提高研发与制造的集成水平;石化、建材行业可进一步普及制造执行系统,提升管控集成水平;医药行业、钢铁行业可继续深化供应链各环节的信息化应用,提升产供销集成水平;机械行业、纺织行业、食品行业则可重点提高生产设备数字化率和联网率,进一步提高关键工序数控化率。

(2)提升杭州湾大湾区规模以上企业内部业务的综合集成程度。需要提高企业跨部门、跨业务环节的业务综合和集成水平,涉及产品设计与制造集成、管理与控制集成、产供销集成、财务与业务集成、决策支持等,通过信息技术和手段打通信息孤岛,促进制造资源、数据等集成共享,实现系统内部互联互通,通过实现管理与控制集成,以及在此基础上的产品设计与制造集成、产供销集成和财务与业务集成,能够形成高度集成化、网络化的制造体系,支持实现个性化、精益化、绿色化的生产模式,实现业务系统之间深度集成运作,业务之间逐步实现深度沟通和协同,推动业务流程和管理体系的逐渐优化和持续完善。

(3)提高杭州湾大湾区规模以上企业的业务协同和发展模式创新。需要从企业价值链角度提高企业间业务协同、创新和融合的水平与能力,实现信息技术应用从量变到质变,大力推进信息技术与工业业务的全面融合,实现信息与生产资料、劳动者等工业生产要素的相互融合,促进企业产品协同创新和绿色发展、企业集团管控、产业链协同。进而使融合创新突破企业边界,引发面向市场和客户的工业业务流程变革和重组,促进技术、管理和市场等方面的模式创新,催生新的工业能力,实现产业链和产品全生命周期上跨企业的资源整合和模式创新,强调产业链企业间协同创新和用户参与,共同创造和扩大市场容量,引领市场需求发展。

8.2　提高区域两化融合发展水平

　　结合表 7-15 和表 7-16 可以看出,在国家级贯标试点企业数量二级指标上,浙江以 6.9507 的分值列位第 4,上海则以低于基准分的 5.5816 位列第 9,与广东(7.9600)、江苏(7.9136)、山东(7.2987)等省市有一定的差距;在生产设备数字化率二级指标上,上海以 7.0308 位居第 4,浙江以 6.5437 位居第 6,与天津(7.4252)、江苏(7.3560)、山东(7.3556)有一定差距;在数字化研发设计工具普及率二级指标上,上海以 8.0434 的分值位列第 1,比第 2 名江苏(7.0963)高出近 1 分,而浙江以 6.7257 的分值位列第 5,与山东(7.0689)、天津(6.9591)有一定的分差;在关键工序数控化率二级指标上,浙江以 6.6348 的分值位列第 6,上海则以远低于基准 6 分的 4.3973 位列倒数第 2,与本项指标领先的省市,如山东(7.2884)、天津(7.2633)、河北(7.2130)、北京(7.1125)等存在显著差距;在关键业务环节全面信息化的企业比例二级指标上,浙江以 6.8988 的分值位列第 4,上海以低于基准分的 5.2659 位列第 11,与山东(7.5636)、江苏(7.2487)、安徽(6.9921)等存在一定差距。综合来看,在两化融合推进一级指标上,浙江以 6.7502 位列第 3,上海则以低于基准分的 5.7571 位列第 9,与江苏(7.3302)、山东(7.2449)还存在差距。

　　鉴于上述指标的评价结果,杭州湾大湾区在信息化与工业化融合评价指标的实施方面,尤其是在贯标企业国家试点示范工作推进和两化融合评价指标体系的关键评价指标提升上还有巨大的进步空间,同时也需要注意各评价指标的均衡推进。具体来讲,可以从以下两个方面入手,进行提升和完善。

　　(1) 积极推进企业两化融合评估诊断和对标引导工作。两化融合评估诊断和对标引导工作是贯彻两化深度融合工作部署,剖析区域及行业两化融合发展现状、发展重点、价值成效、特征与模式及发展趋势的主要手段。杭州湾大湾区应坚持深入推动两化融合数据地图的推广和应用,促进两化深度融合,常态化开展两化融合评估诊断和对标引导工作,推动形成大湾区以数据为核心的精准施策新模式。鼓励各单位分行业、分领域组织开展两化融合评估诊断数据应用试点示范,并将评估诊断结果与优惠政策支持、主管部门绩效考核等相结合。调动和激发对标企业、服务机构和行业协会的积极性,加快形成市场化的信息化企业诊断咨询服务机制。鼓励企业依托平台常态化开展自评估、自诊断、自对标,找准两化融合发展的重点和方向,明确融合需求和路径,切实推动转型升级和新型能力培育。

(2) 重点提升两化融合的关键评价指标。重点提高规模以上企业的信息化投入占比、生产设备数字化率、数字化研发设计工具普及率、关键工序数控化率、关键业务环节全面信息化的企业比例、应用电子商务的企业比例、实现管控集成的企业比例、实现产供销集成的企业比例、实现产业链协同的企业比例等关键指标,引导企业实现两化深度融合,实现起步建设、单项覆盖、集成提升、创新突破等阶段性跃升,实现以研发创新、生产管控、经营管控、用户服务为核心的企业竞争力提升,促进经济和社会效益提高,实现区域竞争力、经济和社会效益水平相辅相成,实现持续改进和螺旋式上升。

8.3　加大智能制造试点示范力度

结合表 7 - 15 和表 7 - 16 可以看出,在 2018 年智能制造试点示范项目数量二级指标上,浙江以 7.164 2 的分值位居第 2,比位列第 1 的山东(8.260 0)低约 1.1,而上海以 5.338 0 与河南、辽宁同时位列第 11,与江苏(6.799 0)、安徽(6.799 0)、湖南(6.799 0)等仍存在一定差距;在 2019 年中国新互联网企业——智能制造企业 TOP100 企业数量二级指标上,上海和浙江以 6.248 9 和 6.120 4 的分值分别位列第 4、第 5,与广东(8.946 6)、北京(7.276 6)、江苏(7.148 1)等有所差距;在 2019 年中国智能制造企业 100 强企业数量二级指标上,上海以 7.107 4 的分值位列第 3,与第 1 名广东(8.335 3)、第 2 名北京(7.984 5)存在明显差距,而浙江以 6.230 2 与江苏并列第 4 位。综合来看,在试点示范引领的一级指标上,浙江以 6.350 8

的分值位列第 4，上海以略低于基准分的 5.868 9 分位列第 7，与广东（6.895 0）、江苏（6.727 8）、北京（6.389 1）存在一定差距。

鉴于上述指标的评价结果，杭州湾大湾区在智能制造企业试点示范引领上还需要重视提高，积极参与工业和信息化部以及各国协会组织召集举办的各相关试点示范活动。具体来讲，可以从以下两个方面入手，进行完善和提高。

（1）积极贯彻《智能制造发展规划（2016—2020 年）》《智能制造工程实施指南（2016—2020 年）》，围绕智能制造模式和新技术集成应用，引领开展智能制造试点示范工作。注重制造企业的规划、生产、运营全流程数字化管理，建立产品数据管理系统，实现产品设计、工艺数据的集成管理，实现高档数控机床与工业机器人、智能传感与控制装备、智能检测与装配装备、智能物流与仓储装备等关键技术装备之间的信息互联互通与集成，建立生产过程数据采集和分析系统、车间制造执行系统、企业资源计划系统、工业信息安全管理制度和技术防护体系，实现企业设计、工艺、制造、管理、物流等环节的产品全生命周期闭环动态优化，推进企业数字化设计、装备智能化升级、工艺流程优化、精益生产、可视化管理、质量控制与追溯、智能物流等方面的快速提升。

（2）鼓励构建网络化制造资源协同云平台，积极展示社会、行业、企业的制造资源，实现制造资源和需求的有效对接，实现面向需求的企业间/部门间创新资源、设计能力的互补和对接、生产资源合理调配、全生产链协同共享的产品溯源体系、工业信息安全管理制度和技术防护体系。构建基于互联网的个性化定制服务平台，通过定制参数选择、三维数字建模、虚拟现实或增强现实等方式，实现与用户深度交互，快速生成产品定制方案。建立个性化产品数据库，应用大数据技术对用户的个性化需求特征进行挖掘和分析，并利用个性化定制平台与企业研发设计、计划排产、柔性制造、营销管理、供应链管理、物流配送和售后服务等数字化制造系统实现协同与集成。建立高效、安全的移动智能服务系统，提供的服务能够与产品形成实时、有效互动，大幅度提升嵌入式系统、移动互联网、大数据分析、智能决策支持系统的集成应用水平。

8.4　积极建设智能制造标准体系

结合表 7 – 15 和表 7 – 16 可以看出,在《国家智能制造标准体系》所列标准的参与起草数量二级指标上,上海以 7.3350 的分值位居第 2,浙江以 6.2485 的分值位居第 4,表现出了不俗的实力,但与第 1 名的北京(9.2166)还有一定差距;在工业互联网联盟委员会成员数量二级指标上,上海和浙江分别以 6.3153 和 6.2144 位居第 3 和第 4,虽与北京(9.5436)、广东(6.5170)有不小差距,但也算表现上乘。综合来看,在标准体系构建一级指标上,上海以 6.7538 位居第 2,浙江以 6.2290 位居第 3,与位列第 1 的北京(9.2951)差距显著,但也在综合评价高于基准分的 3 个省市中占据了重要的两席之地。

鉴于上述指标的评价结果,杭州湾大湾区在智能制造标准体系构建与实施方面取得了不错的成果,但在标准体系构建与完善上仍有一定的进步空间。具体来讲,可以从以下两个方面来提高和完善。

(1) 充分发挥政府政策在智能制造标准体系构建中的引导作用。积极贯彻落实《智能制造发展规划(2016—2020 年)》《装备制造业标准化和质量提升规划》等政策文件,制定地方区域的指导政策、规范和措施,加强对标准体系构建的统筹规划与宏观指导,结合智能制造标准跨行业、跨领域、跨专业的特点,立足国内需求,兼顾国际体系,积极探索建立涵盖基础共性、关键技术和行业应用三类标准的国家智能制造标准体系的有效途径,加快创新技术成果向标准转化,强化标准的实施与监督,深化智能制造标准国际交流与合作,提升标准对制造业的整体支撑作用,为产业高质量发展保驾护航。

(2) 积极参与相关标准体系的制定与修订工作。在工业和信息化部、国家标准化管理委员会的指导下,围绕《国家智能制造标准体系》,积极开展智能制造标准体系的建设及规划,利用多部门协调、多标委会协作、军民融合等工作机制,凝聚各类标准化资源,扎实构建满足产业发展需求、先进适用的智能制造标准体系。积极参与已有标准的动态更新,抓住相关标准的动态更新时机,进一步完善智能制造标准绿色通道,加快国家和行业标准的制定与修订,推动标准试验验证平台和公共服务平台建设。积极参与并发挥地方主管部门、行业协会和学会的作用,进一步加强标准的培训、宣贯工作,通过培训、咨询等手段推进标准宣贯与实施。加强与国际标准化组织的交流与合作,定期举办智能制造标准化国际论坛,组织中外企业和标准化组织开展交流合作,通过参与国际标准化组织、国际电工技术委员会等相关国际标准化组织的标准化工作,积极向国际标准化组织提供我国智能制造标准化工作的研究成果。

8.5　有效培育智能制造发展载体

结合表 7-15 和表 7-16 可以看出,在 2018—2019 年工业互联网试点示范项目数量二级指标上,上海以 6.9516 的分值位居第 4,浙江以低于基准分的 5.8178 位居第 7,与北京(8.2474)、江苏(7.5995)、广东(7.2755)等还有一些差距;在 2017—2019 年制造业与互联网融合发展试点示范入选项目数量二级指标上,上海以 6.0637 的分值与广东并列第 5 位,浙江以低于基准分的 5.8286 位列第 9,与北京(8.7282)、江苏(7.5526)、山东(6.7690)、安徽(6.2988)还有些差距;在 2017—2019 年制造业"双创"平台试点示范项目数量二级指标上,浙江以 6.8172 的分值与安徽并列第 3,上海以低于基准分的 5.8899 位列第 8,与北京(8.3936)、广东(7.2808)相差显著;在 2019 年中国装备制造业 100 强企业数量二级指标上,浙江以 8.1416 的分值位列第 1,而上海以低于基准分的 5.5588 与重庆并列第 8位,分值低于山东(7.9694)、广东(6.9363)、河北(6.9363)、北京(6.5919)等省份。综合来看,在发展载体培育一级指标上,浙江以 6.1873 位列第5,上海以 6.1315 位列第 6,落后于北京(7.9902)、广东(6.8918)、江苏(6.7868)、山东(6.5754)等省份。

从上述指标的评价结果看,杭州湾大湾区在智能制造发展载体培育上仍有较大的进步空间。具体来讲,可以从以下 4 个方面来提高和完善。

(1) 积极打造和升级工业互联网。建立工业互联网工厂内网,采用工业以太网、工业无源光纤网络、工业无线、IPv6 等技术,实现生产装备、传感器、控制系统与管理系统等的互联,实现数据的采集、流转和处理,以及工厂内、外网的互联互通,支持内、外网业务协同。采用各类标识技术自动识别零部件、在制品、工序、产品等对象,在仓储、生产过程中实现自动信息采集与处理,通过与国家工业互联网标识解析系统对接,实现对产品的全生命周期管理,实现管理软件之间的横向互联,实现数据的流动、转换和互认,实现数据的集成、分析和挖掘,支撑智能化生产、个性化定制、网络化协同、服务化延伸等应用。通过部署和应用工业防火墙、安全监测审计、入侵检测等安全技术措施,实现对工业互联网安全风险的防范、监测和响应,保障工业系统的安全运行。

(2) 深化制造业与互联网融合发展。推动制造业与互联网融合,形成叠加效应、聚合效应、倍增效应,加快新旧发展动能和生产体系转换,培育新模式新业态,推进供给侧结构性改革,加强平台支撑、增强核心技术、提高应用水平、提升安全保障,协同推进"制造强国"和"互联网＋"行动,加快制造强国建设。搭建支撑制造业转型升级的各类互联网平台,充分汇聚整合制造企业、互联网企业,带动技术产品、组织管理、经营机制、销售理念和模式等创新,提高供给质量和效率,激发制造业转型升级新动能。促进技术融合与理念融合相统一,推动制造企业与互联网企业在发展理念、产业体系、生产模式、业务模式等方面全面融合,发挥互联网聚集优化各类要素资源的优势,构建开放式生产组织体系,大力发展个性化定制、服务型制造等新模式。把握互联网技术在不同行业、环节的扩散规律和融合方式,针对不同行业、企业融合发展的基础和水平差异,完善融合推进机制和政策体系,培育制造业竞争新优势。充分发挥市场机制作用,更好发挥政府引导作用,突出企业主体地位,优化政府服务,妥善处理鼓励创新与加强监管、全面推进与错位发展、加快发展与保障安全的关系,形成公平有序的融合发展新环境。

(3) 通过"双创"平台,加速激发制造企业的创新活力、发展潜力和转型动力。培育企业级和产业链级"双创"资源汇聚平台,提升平台的制造资源要素汇聚水平;培育一批基于互联网的研发设计、制造和孵化等领域的能力开放平台,实现研发设计、制造、创业孵化等能力在线开放;培育一批较具复制和推广价值的模式,研发设计、组织管理和生产制造等领域模式持续创新;推动一批制造业"双创"平台在产业集聚区落地,加强区域内外的合作协同。

(4)促进区域装备制造整体发展。围绕国民经济和国防建设需求,从研发—工程化—产业化三个环节协同聚焦,以补齐重大短板装备工作为重点,以智能制造为主攻方向,提升自主创新能力[171]。协调多方资源协同推进重大技术装备产业体系建设,协调落实示范和依托工程,建立咨询保障机制,大力推动军民融合,打造一批关键共性技术研发平台,鼓励组建重大技术装备研发创新联盟,建立产学研用结合、上下游衔接、大中小企业协同的创新机制。完善政府对重大技术装备的首购订购政策,完善保险补偿机制,建立首台(套)示范应用基地,推动重大技术装备研发创新、试点示范和推广应用一条龙发展,调动和保护首台(套)应用的积极性,完善标检认证体系和健全市场监督管理机制等措施,推动重大技术装备质量品牌整体提升[171]。支持国内国际交流合作,面向全球布局相关核心技术的创新网络,在全球范围内优化配置创新资源,积极参与国际标准和区域标准制定,推动计量标准和认证认可结果的互认采信,提升我国在全球重大技术装备产业链中的控制力[171]。

8.6 完善智能制造服务支撑体系

结合表 7-15 和表 7-16 可以看出,在区域高校整体实力二级指标上,上海以 6.8720 的分值排名第 3,位于北京(8.6443)、江苏(7.6853)之后,而浙江的分值为略低于基准分的 5.9900,位列湖北(6.4238)、陕西(6.0750)、广东(6.0727)之后;在 2020 年大数据产业发展试点示范项目数量二级指标上,浙江以 6.6645 的分值位列第 2,但与排名第 1 的北京(9.3631)有非常明显的差距,而上海以 6.0708 的分值排名第 6,落后于江苏(6.3407)、广东(6.2867)和山东(6.2867);在 2016—2019 年国家技术创新示范企业数量二级指标上,浙江以 6.3001 的分值与湖南并列第 5,落后于广东(7.7776)、江苏(7.5929)、山东(7.5929)、北京(6.4848),而上海则以 5.1920 的分值排名第 12 位；在 2020 年 1—4 月快递物流业收入二级指标上，上海以 7.5337 的分值位列第 2，落后于广东（8.9287），浙江以 6.8702 紧随其后获得第 3 名，此外江苏也以 6.4083 的分值成为第 4 个超过基准分的省市。综合来看，在基础服务支撑一级指标上，上海以 6.4171 的分值、浙江以 6.3787 的分值位列第 4、第 5 位，落后于北京（7.7600）、广东（7.2129）、江苏（7.0000）。

从上述指标的评价结果看，杭州湾大湾区在智能制造的教育、数据产业、技术创新和物流服务等基础服务支撑上仍有一定的进步空间。具体来讲，可以从以下 4 个方面来提高和完善。

（1）提高区域高校和科研院所的整体人才培养与科学研究能力。大力提高所在区域高校以及科研院所的人才培养层次、学科水平、办学科教资源、师资规模与结构、人才培养、科学研究、服务社会、高端人才、重大项目与成果、国际竞争力等方面的指标水平与内涵，增加区域智力储备以及增强科技研发实力。

（2）促进区域大数据产业发展。围绕国家大数据战略，扎实推动区域大数据技术、产业创新发展，以工业大数据融合应用、民生大数据创新应用、大数据关键技术先导应用、大数据管理能力提升等为核心推进大数据产业健康有序发展。以应用为导向，突破大数据关键技术，推动产品和解决方案研发及产业化，创新技术服务模式，形成技术先进、生态完备的技术产品体系。加强工业大数据基础设施建设规划与布局，推动大数据在产品全生命周期和全产业链的应用，推进工业大数据与自动控制和感知硬件、工业核心软件、工业互联网、工业云和智能服务平台融合发展。加强大数据在重点行业领域的深入应用，促进跨行业大数据融合创新，在政府治理和民生服务中提升大数据运用能力，推动大数据与各行业领域的融合发展。引导区域大数据发展布局，促进基于大数据的创新创业，培育一批大数据龙头企业和创新型中小企业，形成多层次、梯队化的创新主体和合理的产业布局，繁荣大数据生态。加强大数据标准化顶层设计，逐步完善标准体系，发挥标准化对产业发展的重要支撑作用。统筹布局大数据基础设施，建设大数据产业发展创新服务平台，建立大数据统计及发展评估体系，创造良好的产业发展环境。

（3）促进区域内企业的技术创新。鼓励企业发展核心技术并具有自主知识产权，技术水平处于同行业领先地位，积极主导或参与国际、国家或行业技术标准的制定工作。鼓励企业持续创新和研发投入，研发投入占年销售收入比例3％以上，构建健全的研发机构或与国内外大学、科研机构建立长期稳定的合作关系，重视科技人员和高技能人才的培养、引进和使用。鼓励企业注重自主品牌的管理和创新，形成企业独特的品牌，并在市场中享有相当知名度，保持较强的盈利能力和较高的管理水平，建立完善的知识产权管理体系和质量保证体系。鼓励企业积极实施技术改造，增强重大科技成果的转化能力，重视经营发展战略创新，努力营造并形成企业的创新文化，把技术创新和自主品牌创新作为经营发展战略的重要内容。

（4）加大物流网络建设。加强物流园与各经济开发区、产业园及城市核心区之间的物流道路建设，提高道路施工质量，延长道路使用寿命。开展智慧物流建设，发展现代物流业，形成结构合理、技术先进、运转高效的现代智慧物流体系。引导物流业与制造业、商贸流通业、电子商务、"互联网＋"等产业深度融合、联动发展，提高现代物流水平及市场竞争力。加强大湾区上海港与宁波舟山港的合作，共同发展，避免资源浪费，加强大型专业化泊位建设，增加杭州湾大湾区整体吞吐量。利用网络信息技术、条码技术、数据库技术、电子订货系统、电子数据交换及资源管理系统等信息技术，建立覆盖港区生产流通和内陆仓储运输企业的网络平台，使港口具备物流信息港的功能，实现企业、客户和有关管理机构的信息充分互联，形成港口与港口、港口与海关、港口与货主、港口与承运商相互连接的有机整体，实现仓储、分拣、运输、配送、客服全供应链环节的"无人化"或者"智能化"[172]。

8.7　系统提升智能制造先行进程

通过表7-16以及上述分析可以看到，在智能集成创新一级指标上，浙江和上海分列第6、第9位；在两化融合推进一级指标上，浙江和上海分列第3、第9位；在试点示范引领一级指标上，浙江与上海分列第4、第7

位;在标准体系构建一级指标上,上海与浙江分列第 2、第 3 位;在发展载体培育一级指标上,浙江与上海分列第 5、第 6 位;在基础服务支撑一级指标上,上海与浙江分列第 4、第 5 位。综合来看,在最终区域智能制造先行度综合评价值上,浙江以 6.3319 的分值位列第 5,上海以略低于基准值的5.9835 位列第 6,与北京(7.0574)、江苏(6.6215)、山东(6.5936)、广东(6.4678)有一定差距。

从区域智能制造先行度的评价指标体系以及评价结果来看,杭州湾大湾区的智能制造发展处于前列,具备较高的先行度,但仍需要在智能集成创新、两化融合推进、试点示范引领、标准体系构建、发展载体培育、基础服务支撑等方面进行提高,特别应从区域企业的智能化就绪程度、企业内部业务集成、企业创新模式形成与推广、企业两化融合贯标深化与关键指标提高、国家智能制造企业试点示范推进、工业互联网与大数据发展、制造业与互联网结合、制造业创新与创业平台构建、装备制造业发展、国家级技术创新企业培育、区域港城物流整合等方面入手,全面高质提高大湾区的智能制造水平,为杭州湾大湾区成为全球新经济革命重要策源地、全国现代化建设先行区、区域创新发展新引擎打下坚实基础。

References
参考文献

［1］德州学院.智能制造导论[M].西安：西安电子科技大学出版社,2016.

［2］左世全.美国"再工业化"之路——美国"先进制造业国家战略计划"评析[J].装备制造,2012(6)：65‐67.

［3］SINGERMAN P. Request for information on proposed new program：national network for manufacturing innovation (NNMI) [Z]. National Institute of Standards and Technology. 2012.

［4］张柳.工业4.0的脚步再一次临近[J].现代制造,2014(40)：1.

［5］刘润生.工业新法国——法国总统奥朗德的讲话[J].科学中国人,2014(7)：37‐39.

［6］陈康颖.法国再工业化政策研究[D]：北京：对外经济贸易大学,2015.

［7］THORLEY J. The future of manufacturing：a new era of opportunity and challenge for the UK [Z]. Government Office for Science and Department for Business, Innovation & Skills of UK. 2015.

［8］日本经济产业省.日本机器人战略[Z]. 2015.

［9］WRIGHT P K, BOURNE D A. Manufacturing intelligence [M]. Melbourne：Addison-Wesley Longman Publishing Co. , Inc. , 1988.

［10］OGAWA Y S, YUTAKA；MASUYAMA, SHIGERU. NTCIR from the view point of participant intelligent manufacturing systems：IMS [J]. Journal of Japanese Society for Artificial Intelligence, 2002(17)：306‐311.

［11］CHAN F T S, CHAN M H, LAU H, IP R W L. Investment appraisal techniques for advanced manufacturing technology (AMT)：a literature review [J]. Integrated Manufacturing Systems, 2001,12(1)：35‐47.

［12］国家制造强国建设战略咨询委员会,中国工程院战略咨询中心.智能制造[M].北京：电子工业出版社,2016.

［13］中华人民共和国科学技术部.智能制造科技发展"十二五"专项规划[Z]. 2012.

［14］赵刚,张晓曦,程建润.美国智能制造产业发展启迪［J］.中国科技投资,2013
（17）：45－50.

［15］工业和信息化部,财政部.智能制造发展规划（2016—2020 年）［Z］.2016.

［16］傅建中.智能制造装备的发展现状与趋势［J］.机电工程,2014,31(8)：959－962.

［17］丁向琴,丁荣乐.智能制造装备的发展现状与趋势［J］.科技风,2015（21）：
69－69.

［18］施智德.我国智能装备制造发展概况和展望［J］.山东工业技术,2018(14)：70.

［19］李沅泽.生产智能化时代的产生及影响［J］.电子技术与软件工程,2018(3)：
249－249.

［20］王焱,王湘念,王晓丽,卢志军,姬学庄.智能生产系统构建方法及其关键技术研
究［J］.航空制造技术,2018,61(Z1)：16－24.

［21］《中国智能制造绿皮书》编委会.中国智能制造绿皮书（2017）［M］.北京：电子工
业出版社,2017.

［22］工业和信息化部装备工业司.国家智能制造标准体系建设指南（2015 年版）
［Z］.2015.

［23］工业和信息化部.智能制造试点示范 2016 专项行动实施方案［Z］.2016.

［24］工信部,发改委,科技部,财政部.智能制造工程实施指南（2016—2020）
［Z］.2016.

［25］工业和信息化部,财政部.关于印发《智能制造发展规划（2016—2020 年）》的通知
［Z］.2016.

［26］国务院."互联网＋"人工智能三年行动实施方案［Z］.2016.

［27］国务院.新一代人工智能规划［Z］.2017.

［28］工业和信息化部科技司.促进新一代人工智能产业发展三年行动计划（2018—
2020 年）［Z］.2017.

［29］江苏省人民政府办公厅.江苏省政府办公厅关于印发江苏省"十三五"智能制造
发展规划的通知［Z］.2017.

［30］浙江省人民政府.浙江省新一代人工智能发展规划［Z］.2017.

［31］浙江省高端装备制造业.关于印发《2017 年浙江省推进智能制造工作要点》的通
知［Z］.2017.

［32］浙江省经济和信息化委员会.浙江省智能制造发展行动方案（2018—2020）
［Z］.2018.

［33］上海市人民政府办公厅,上海市经济和信息化委员.关于上海加快发展智能制
造助推全球科技创新中心建设的实施意见［Z］.2015.

［34］上海市经济和信息化委员.关于上海创新智能制造应用模式和机制的实施意
见［Z］.2017.

［35］上海市人民政府办公厅.关于本市推动新一代人工智能发展的实施意见［Z］.2017.

［36］中共北京市委,北京市人民政府.北京市加快科技创新培育人工智能产业的指导意见［Z］.2018.

［37］天津市人民政府办公厅.天津市关于加快推进智能科技产业发展的若干政策［Z］.2018.

［38］天津市人民政府办公厅,天津市科技局.天津市人工智能"七链"精准创新行动计划(2018—2020年)［Z］.2018.

［39］河北省制造强省建设领导小组办公室.河北省加快智能制造发展行动方案［Z］.2018.

［40］山东省经济和信息化委员会,山东省财政厅.山东省智能制造发展规划(2017—2022年)［Z］.2017.

［41］山东省人民政府.山东省新一代信息技术产业专项规划(2018—2022年)［Z］.2018.

［42］广东省人民政府.广东省智能制造发展规划(2015—2025年)［Z］.2015.

［43］广东省人民政府.广东省新一代人工智能发展规划［Z］.2018.

［44］工业和信息化部.关于印发贯彻落实《国务院关于积极推进"互联网＋"行动的指导意见》行动计划(2015—2018年)的通知［Z］.2015.

［45］国务院.关于深化制造业与互联网融合发展的指导意见［Z］.2016.

［46］国务院.国务院关于深化"互联网＋先进制造业"发展工业互联网的指导意见［Z］.2017.

［47］工业和信息化部.工业互联网App培育工程实施方案(2018—2020年)［Z］.2018.

［48］工业和信息化部办公厅,财政部办公厅.关于发布2018年工业转型升级资金工作指南的通知［Z］.2018.

［49］工业和信息化部.大数据产业发展规划(2016—2020年)［Z］.2016.

［50］工业和信息化部.云计算发展三年行动计划(2017—2019年)［Z］.2017.

［51］浙江省人民政府.浙江省全面改造提升传统制造业行动计划(2017—2020年)［Z］.2017.

［52］上海市人民政府.关于本市加快制造业与互联网融合创新发展的实施意见［Z］.2018.

［53］上海市人民政府办公厅.上海市工业互联网创新发展应用三年行动计划(2017—2019年)［Z］.2017.

［54］上海市人民政府.上海市工业互联网产业创新工程实施方案(沪府发〔2018〕27号)［Z］.2018.

[55] 上海市经信委.上海市工业互联网产业创新发展专项支持实施细则[Z].2018.

[56] 北京市人民政府.北京市推进两化深度融合　推动制造业与互联网融合发展行动计划[Z].2017.

[57] 天津市人民政府.关于深化"互联网＋先进制造业"发展工业互联的实施意见[Z].2018.

[58] 山东省人民政府.山东省"互联网＋"行动计划(2016—2018年)[Z].2016.

[59] 广东省人民政府.关于加快推进我省云计算发展的意见[Z].2012.

[60] 广东省人民政府办公厅.广东省促进大数据发展行动计划(2016—2020年)[Z].2016.

[61] 广东省人民政府.广东省深化"互联网＋先进制造业"发展工业互联网的实施方案[Z].2018.

[62] 江苏省经济和信息化委员会.江苏省"企业上云"工作指南[Z].2018.

[63] 国务院.国家中长期科学和技术发展规划纲要(2006—2020年)[Z].2006.

[64] 工业和信息化部.高端装备制造业"十二五"发展规划[Z].2012.

[65] 工业和信息化部.智能制造装备产业"十二五"发展规划[Z].2012.

[66] 工业和信息化部装备工业司.关于推进工业机器人产业发展的指导意见[Z].2013.

[67] 工信部,发展改革委.机器人产业发展规划(2016—2020年)[Z].2016.

[68] 质检总局,国家标准委,工业和信息化部.关于印发《装备制造业标准化和质量提升规划》的通知[Z].2016.

[69] 江苏省人民政府办公厅.江苏省装备制造业"十三五"发展规划[Z].2017.

[70] 北京市人民政府.北京市加快科技创新发展智能装备产业的指导意见[Z].2017.

[71] 河北省工业和信息化厅.河北省先进装备制造产业"十三五"发展规划(2016—2020年)[Z].2015.

[72] 辽宁省人民政府办公厅.辽宁省建设具有国际竞争力的先进装备制造业基地工程实施方案[Z].2019.

[73] 山东省人民政府.山东省高端装备制造业发展规划(2018—2025年)[Z].2018.

[74] 山东省人民政府办公厅.山东省装备制造业转型升级实施方案[Z].2018.

[75] 广东省人民政府办公厅.广东省人民政府办公厅关于加快先进装备制造业发展的意见[Z].2014.

[76] 尹峰.智能制造评价指标体系研究[J].工业经济论坛,2016,3(6):632-641.

[77] 易伟明,董沛武,王晶.基于高阶张量分析的企业智能制造能力评价模型研究[J].工业技术经济,2018(37):11-16.

[78] 韩以伦,徐新新.基于组合模型的智能制造发展水平评价研究[J].智慧工厂,2019(2):35-41.

[79] 关俊涛,游冰,贺提胜.企业智能制造评价标准与评价方法研究[J].新技术新工艺,2019(4):12-16.

[80] 董志学,刘英骥.我国主要省市智能制造能力综合评价与研究——基于因子分析法的实证分析[J].现代制造工程,2016(1):151-158.

[81] 邵坤,温艳.基于因子分析法的智能制造能力综合评价研究[J].物流科技,2017,40(7):116-120.

[82] 徐雪,张艺,余开朝.基于BP神经网络的智能制造能力评价研究[J].软件,2018,39(8):162-166.

[83] 郑志强.基于突变级数法的智能制造能力评价研究[J].经济论坛,2018(9):7-14.

[84] 毛友芳.因子分析法下全国智能制造竞争力评价体系的构建与分析[J].技术与创新管理,2020,41(1):83-90.

[85] 中国电子技术标准化研究院.智能制造能力成熟度模型白皮书(1.0版)[Z].2016.

[86] 于秀明,王程安.中德智能制造成熟度模型对比[J].信息技术与标准化,2016(7):21-25.

[87] 童纪新,徐倩,李莹.基于五大空间布局的装备制造业技术效率评价与测度[J].中国科技论坛,2019(4):84-92.

[88] 王章豹,孙陈.基于主成分分析的装备制造业行业技术创新能力评价研究[J].工业技术经济,2007,26(12):63-68.

[89] 吴雷,陈伟.基于DEA的装备制造业技术创新能力的评价研究[J].科技管理研究,2009(6):45-46.

[90] 任亚磊.浙江省装备制造业技术创新能力评价研究——基于因子分析[J].现代商贸工业,2013(20):11-13.

[91] 周志春.我国地区装备制造业竞争力的测度与评价[J].经济问题探索,2009(8):12-17.

[92] 王惠清.江苏省装备制造业竞争力评价及对策研究——基于主成分分析方法的研究[J].三江高教,2013(2):22-26.

[93] 王新安,尹纪洋.陕西省装备制造业国内竞争力评价研究——基于主成分分析法[J].西安财经学院学报,2016(4):68-75.

[94] 姚晓芳,张仁华,侯瑞武.基于主成分分析的合肥市装备制造业竞争力评价和对策研究[J].中国科技论坛,2010(9):58-64.

[95] 工业和信息化部信息化和软件服务业司.工业互联网平台评价方法[Z].2018.

[96] 李君,邱君降,柳杨,等.工业互联网平台评价指标体系构建与应用研究[J].中国科技论坛,2018(12):70-86.

［97］夏军,石宇强,蔡炳万.基于模糊综合评判法的云制造服务平台信用评价方法
　　　［J］.机械工程师,2015(4)：64－65.

［98］郭伟,仝克宁,邵宏宇,等.基于 RS 与 AHP 的中小企业云制造模式下多服务主
　　　体信用评价体系构建［J］.计算机集成制造系统,2013,19(9)：2340－2347.

［99］唐娟,王璐,刘志.基于证据理论和层次分析法的云制造服务质量评价方法［J］.
　　　安徽广播电视大学学报,2016(2)：55－58.

［100］余本功,汪柳,郭凤艺.基于灰色模糊层次分析法的企业云服务安全评价模型
　　　［J］.计算机应用,2014(a02)：91－94.

［101］张远龙,屠建飞,谢文东.基于模糊层次分析法的云制造资源评价［J］.机械制
　　　造,2015,53(6)：49－52.

［102］SCHUMACHER A, EROL S, SIHN W. A maturity model for assessing industry
　　　4.0 readiness and maturity of manufacturing enterprises［J］. Procedia Cirp, 2016
　　　(52)：161－166.

［103］LINDNER T W, WITTENSTEIN M, GERNANDT J, et al. Impuls-industry 4.0
　　　readiness, foundation for mechanical engineering, plant engineering, and
　　　information technology［R］. Frankfurt：IMPULS-Stiftung, 2015.

［104］李清,唐骞璘,陈耀棠,等.智能制造体系架构、参考模型与标准化框架研究［J］.
　　　计算机集成制造系统,2018,24(3)：539－549.

［105］工业和信息化部,国家标准化管理委员会.国家智能制造标准体系建设指南
　　　(2015 年版)［Z］.2015.

［106］国家标准化管理委员会办公室.国家智能制造标准体系建设指南(2018 年版)
　　　［Z］.2018.

［107］张相木.标准引领智能制造走向深入——《国家智能制造标准体系建设指南》
　　　(2015 年版)解读［J］.智慧工厂,2016(6)：13－15.

［108］陈红梅.基于 AHP 和 DEA 的装备制造业行业技术创新能力综合评价［J］.企业
　　　经济,2009(3)：117－119.

［109］赵琳,范德成.我国装备制造业技术创新能力评价及提升对策研究——基于微
　　　粒群算法的实证分析［J］.科技进步与对策,2012,29(14)：107－112.

［110］孙陈.我国装备制造业行业技术创新能力与技术创新效率评价研究［D］.合肥：
　　　合肥工业大学,2007.

［111］宋晓洪.基于 DEA 的我国装备制造企业自主创新能力综合评价［J］.商业研究,
　　　2008(6)：138－140.

［112］孙冰,周大铭.基于改进 DEA 的装备制造企业自主创新现状评价与实证研究
　　　［J］.科技进步与对策,2011,28(15)：106－110.

［113］吴勇刚,李春燕.我国装备制造业自主创新能力评价指标体系研究［J］.重庆科

技学院学报(社会科学版),2010(13):87-89.

[114] 何星蓉.基于协同的高端装备制造业产学研创新能力评价指标体系研究[J].经济问题探索,2018,430(5):190-194.

[115] 司林波,孟卫东.装备制造业技术协同创新机制协同度评价——基于 SIM 模型的实证分析[J].技术经济与管理研究,2017(2):104-109.

[116] 徐丰伟.基于协同的装备制造业技术创新能力评价指标体系研究[J].科学管理研究,2011,29(5):26-30.

[117] 徐建中,赵伟峰,刘琳.装备制造业协同创新系统运行效果的评价[J].统计与决策,2017(4):72-74.

[118] 张新,马建华,刘培德,等.区域两化融合水平的评价方法及应用[J].山东大学学报(理学版),2012,47(3):71-76.

[119] 刘力强,冯俊文.我国区域两化融合水平评价模型及实证研究[J].科技进步与对策,2014(9):125-129.

[120] 胡新,惠调艳,梁思妤.基于社会环境视角的区域"两化融合"评价研究——以陕西为例[J].科技进步与对策,2011,28(10):115-120.

[121] 陈杰,周剑,付宇涵.我国工业企业两化融合评价体系及实证研究[J].制造业自动化,2016,38(6):143-146.

[122] 侯洪凤,吴世迪,张泽宇.辽宁省装备制造业两化融合指标体系构建及实证研究[J].价值工程,2017,36(18):185-186.

[123] 秦燕磊,朱玉杰.我国制造业企业"两化融合"评价指标及评价方法研究[J].经济师,2017(12):10-11.

[124] 周剑,陈杰.制造业企业两化融合评估指标体系构建[J].计算机集成制造系统,2013,19(9):2251-2263.

[125] 王九云,张健,金占勇,等.制造业中的技术标准战略评价[J].学习与探索,2006(2):253-255.

[126] 汪东华,庞淑婷,陈慧敏,等.标准化对制造业转型升级的贡献率评价指标体系研究——以江苏省为例[J].中国标准化,2016(23):65-69.

[127] 李林,夏冬冬,王永宁.优化产学研合作平台机制的实证研究——基于重庆市科技园区评价指标体系的构建[J].重庆大学学报(社会科学版),2009,15(3):142-148.

[128] 沈铭.产学研创新载体可拓绩效评价体系研究——基于苏州市产学研创新载体绩效评估[J].管理现代化,2018,217(3):75-77.

[129] 王遐.创新载体建设促进产学研结合——对常州科教城产学研结合模式的讨论[J].江苏科技信息,2008(4):11-14.

[130] 刘利民,王敏杰.基于 DEA 的宁波企业技术创新载体产出效率评价[J].区域经

济评论,2012(11):42-47.

[131] 梁敏.科技企业孵化器综合评价指标体系及模型设计[J].科学学与科学技术管理,2004,25(2):62-65.

[132] 刘艳莉.基于主成分分析的科技企业孵化器绩效评价研究[J].科技管理研究,2011(14):76-80.

[133] 吕科健,李百华.科技企业孵化器综合孵化效率评价研究[J].科技资讯,2017,15(7):127-128.

[134] 徐菱涓,刘宁晖,李东.科技企业孵化器管理绩效的灰色综合评价研究——以南京市为例[J].科技进步与对策,2009,26(1):131-133.

[135] 赵晏.我国政府公共服务质量评价指标体系的构建与应用研究[D].济南:山东大学,2012.

[136] 张研,何振.电子政务信息服务绩效评价指标体系的构建[J].图书馆理论与实践,2010(2):46-49.

[137] 贺珊,张牛.地方政府公共服务质量评价体系及其应用[J].公安研究,2008,38(6):31.

[138] 曹建."一带"背景下新疆生产性服务业与制造业关联评价[J].山东纺织经济,2017(8):40-43.

[139] 崔莉.基于VAR模型西部地区生产性服务业与制造业互动融合评价[J].学术论坛,2016,39(4):56-61.

[140] 杜宇玮.中国生产性服务业对制造业升级的促进作用研究——基于效率视角的评价[J].当代经济管理,2017,39(5):65-72.

[141] 綦良群,蔡渊渊,王成东.我国装备制造业与生产性服务业互动作用及效率评价研究[J].中国科技论坛,2015(1):63-68.

[142] 王希.生产性服务业对制造业增长贡献的实证研究——西安市生产性服务业研究[D].西安:西安电子科技大学,2013.

[143] 陈浩,袁逸萍,李晓娟,等.基于QoS的云制造制造资源组合评价方法[J].组合机床与自动化加工技术,2013(12):25-28.

[144] 李惠林,殷国富,谢庆生,等.面向网络化制造的制造资源组合评价方法研究[J].计算机集成制造系统,2008,14(5):955-961.

[145] 张鹏飞,顾寄南,吕晓凤,等.基于用户评价信息的制造资源综合评价方法的研究[J].机械设计与制造,2010(7):258-260.

[146] 何喜军,魏国丹,张婷婷.区域要素禀赋与制造业协同发展度评价与实证研究[J].中国软科学,2016(12):163-171.

[147] 穆东,杜志平.资源型区域协同发展评价研究[J].中国软科学,2005(5):106-113.

[148] 孙鹏,罗新星. 区域现代物流服务业与制造业发展的协同度评价——基于湖南省数据的实证分析[J]. 系统工程,2012(7):116-120.

[149] 武建章,张强. 非可加测度论与多准则决策[M]. 北京:科学出版社,2014.

[150] BELIAKOV G, PRADERA A, CALVO T. Aggregation functions:a guide for practitioners [M]. Berlin:Springer, 2007.

[151] GRABISCH M. Set functions, games and capacities in decision making [M]. Berlin:Springer, 2016.

[152] GRABISCH M, SUGENO M, MUROFUSHI T. Fuzzy measures and integrals: theory and applications [M]. New York:Springer-Verlag, 2000.

[153] 王熙照. 模糊测度和模糊积分及在分类技术中的应用[M]. 北京:科学出版社,2008.

[154] CHATEAUNEUF A, JAFFRAY J-Y. Some characterizations of lower probabilities and other monotone capacities through the use of Mobius inversion [J]. Mathematical social sciences, 1989,17(3):263-283.

[155] 武建章,张强. 基于2-可加模糊测度的多准则决策方法[J]. 系统工程理论与实践,2010,30(7):1229-1237.

[156] WANG Z, KLIR G J. Generalized measure theory[M]. New York:Springer Science & Business Media, 2010.

[157] GRABISCH M. The applications of fuzzy integrals in multicriteria decision making [J]. Europ J Operations Research, 1996(89):445-456.

[158] CHOQUET G. Theory of capacities [J]. Annales de l'institut Fourier, 1953,5 (54):131-292.

[159] GRABISCH M. K-order additive discrete fuzzy measures and their representation [J]. Fuzzy Sets and Systems,1997,92(2):167-189.

[160] SUGENO M. Theory of fuzzy integrals and its applications [D]. Tokyo:Tokyo Institute of Technology, 1974.

[161] WANG Z, LEUNG K-S, WONG M-L, FANG J. A new type of nonlinear integrals and the computational algorithm [J]. Fuzzy Sets and Systems, 2000,112 (2):223-231.

[162] GRABISCH M. The symmetric Sugeno integral [J]. Fuzzy Sets and Systems, 2003,139(3):473-490.

[163] 赵汝怀. (N)模糊积分[J]. 数学研究与评论,1981(2):55-72.

[164] MESIAR R. Choquet-like integrals [J]. Journal of Mathematical Analysis and Applications, 1995,194(2):477-488.

[165] WANG Z, LI W, LEE K-H, LEUNG K-S. Lower integrals and upper integrals

with respect to nonadditive set functions [J]. Fuzzy Sets and Systems, 2008,159 (6): 646-660.

[166] ZHANG Q, MESIAR R, LI J, STRUK P. Generalized Lebesgue integral [J]. International Journal of Approximate Reasoning, 2011,52(3): 427-443.

[167] KLEMENT E P, MESIAR R, PAP E. A universal integral as common frame for Choquet and Sugeno integral [J]. Fuzzy Systems, IEEE Transactions on, 2010,18 (1): 178-187.

[168] GRABISCH M, LABREUCHE C. A decade of application of the Choquet and Sugeno integrals in multi-criteria decision aid [J]. A Quarterly Journal of Operations Research, 2008,6(1): 1-44.

[169] WU J-Z, YANG S, ZHANG Q, DING S. 2-additive capacity identification methods from multicriteria correlation preference information [J]. IEEE Transactions on Fuzzy Systems, 2015,23(6): 2094-2106.

[170] GRABISCH M. A graphical interpretation of the Choquet integral [J]. IEEE Transactions on Fuzzy Systems, 2000,8(5): 627-631.

[171] 徐东华. 关于中国装备制造业发展战略的思考[J]. 智慧中国, 2019(10): 45-47.

[172] 张佳铭. 环杭州湾大湾区物流发展现状[J]. 区域治理, 2019(33): 38-40.

Index
索 引